AF602801

RELATION
DES ROYAUMES DE GOLCONDA, TANNASSERY, PEGU, ARECAN, & autres Estats situez sur les bords du Golfe de Bengale ; & aussi du Commerce que les Anglois font en ces quartiers-là.

par

WILL. METHOLD.

LE Golfe de Bengale s'estẽd depuis le Cap Commorin qui est sous le huitiéme degré de latitude Septentrionale, iusques à Chattignan, sous le 22. degré de latitude aussi Septentrionale. Cette coste a bien mille lieuës Angloises d'estenduë, & l'ouuerture du Golfe neuf cens lieuës. Le Cap de Sincapoura qui est sous le premier degré de latitude Australe le ferme de l'autre costé. Les Royaumes de Zeilan, Biznagar, Golconda, Bengala, Arecam, Pegu & Tannassary sont sur céte coste, elle est coupée de plusieurs petites riuieres dont on ne parle guieres, à cause que leur nom est obscurcy par le voisinage du Gange, si fameux par les écrits des Geographes : On ne sçait point bien où il prend sa source, mais on sçait en general qu'elle est fort éloignée de l'embouchure ; & les Gentils ont en si grande veneration céte riuiere, qu'ils croyent que leurs pechez leur sont pardonnez lors qu'ils se sont lauez dans ses eaux. Chattignan est au fonds du Golfe.

Nos Anglois ont peu de connoissance de l'Isle de Zeilan. Les Portugais y sont les plus puissans, & pretendent mesmes estre assez forts pour en empécher l'entrée aux autres nations. Il y a vn Roy dans l'Isle nommé le Roy de Candy, auec lequel les Danois entrerent il y a quelque temps en Traité ; & voyant qu'ils ne pouuoient pas establir leurs affaires par la Negociation, ils se fortifierent dans le Pays proche de Negapatan, en vn lieu nommé Trangabay. Isle de Zeilan.

Le Royaume de Bisnagar estoit le plus ancien & le plus considerable de tous les Royaumes qui sont du costé de la terre ferme. Il est maintenant diuisé en plusieurs Prouinces ou Gouuernemens, dont les Naickes ou Capitaines du Pays se sont rendus les Maistres : car le dernier Roy estant mort il y a quelque quinze ans, il s'éleua plusieurs pretendans à la Couronne. Les Naickes prirent party sous ces Chefs, & s'engagerent en vne guerre ciuile, qui fut suiuie d'vne si grande desolation & famine, que plusieurs peres portoient leurs enfans sur la coste, & les vendoient pour la valeur d'vn écu ou quatre francs de Rys. Les Marchands qui les auoient à si bon marché, les reuendoient apres auec vn grand profit en d'autres endroits des Indes. La ville de S. Thomas est dans ce Royaume ; les Portugais en sont les Maistres, mais ne laissent pas d'en faire quelque reconnoissance au Nayck qui est maistre de ce canton. Il les assiegea il y a trois ans, & les obligea à luy donner quelque argent pour auoir la paix ; car leur Ville est seulement forti- Royaume de Bisnagar. Ville de S. Thomas.

fiée du costé de la mer, n'ayant point d'autre deffense du costé de la terre, que les maisons qui la ferment. La ville de Pallecatte qui est dans cette Prouince, est vn mauuais voisinage pour les Portugais, depuis que les Hollandois se sont rendus les maistres de son Chasteau : Car depuis ce temps-là, leurs Vaisseaux n'ozent paroistre sur cette coste ; & quand ils s'y hazardent, ils choisissent des bâtimens qui aillent fort bien à la voile. Si bien que les Portugais y sont maintenant fort pauures, & ont esté bien punis de l'enuie auec laquelle ils empeschoient le Commerce aux autres Nations. Dés les premiers voïages que les Hollandois firent aux Indes, ils reconneurent que les marchandises qui se trouuent à S. Thomas, se pouuoient transporter auec beaucoup de profit aux Molucques, à Iaua, Sumatra, Amboyna, & autres endroits des Indes. Ils obtinrent du dernier Roy de Bisnagar, la permission de pouuoir trafiquer en ce Pays, & d'establir vne Factorerie à Pallecatte, auec six ou sept Hollandois pour negocier. Les Portugais de S. Thomas qui ne pouuoient souffrir qu'ils s'establissent si proche, se mirent en mer, & vinrent attaquer la maison des Hollandois. Ils se rendirent, apres s'estre deffendus quelque-temps. On les mena prisonniers à S. Thomas ; d'où quelques-vns se sauuerent, & entre-autres le principal Facteur, de qui ie tiens cette Relation.

La ville de Pallecatte, comment les Hollandois se sont rendus les maistres, & de son Chasteau.

Le Roy accorda depuis aux Hollandois la permission de bastir vn Fort pour s'asseurer des insultes des Portugais, à condition toutefois que la garnison seroit my-partie, moitié d'Hollandois, & moitié de ceux du païs : Il arriuoit tous les iours quelque querelle entre deux nations si differentes. Le Roy ennuyé d'en entendre parler dauantage retira ses Sujets, & laissa les Holla[illegible] possession de ce Fort : Ils ont accreu depuis cette Place, l'ont fortifi[illegible]ment maintenant Gueldria, depuis le Traité de l'année 1619. Ceux de [illegible]tion ont fait la moitié de la dépense de la Garnison, & cependa[illegible] point des auantages qu'on a tirez depuis de l'establissement de cette Place. [illegible] n'oserois parler dauantage de l'injustice de leur procedé, de peur que l'on croye que ie parle auec passion, & comme interessé dans vne querelle qui m'est commune auec tous ceux de nostre Nation. Ainsi les Portugais qui n'auoient pû au commencement souffrir cinq ou six Hollandois proche d'eux, sont maintenant bridez par vne Garnison qu'ils ne pourront apparamment iamais chasser de ce païs là ; car ils ne sont pas assez forts à S. Thomas pour l'entreprendre, & le Vice-Roy des Indes ne les aidera pas dãs vn sẽblable dessein. Les Portugais de S. Thomas ne payent iamais rien pour les affaires generales des Indes ; Ils ne seruent point le Portugal de leurs personnes, & passent pour rebelles aussi bien que ceux de Bengale ; par cette raison ils ne doiuent pas attendre de protection de leurs Princes, ny de secours de leurs Vice-Roys.

Ils se sont contentez depuis peu d'exciter sous main quelques Naickes contre les Hollandois, ils les assiegerent dans la ville de Pallecatte, mais ces troupes ne demeurent pas long-temps sur pied. Ils leuerent le siege apres en auoir receu quelque argent. Il faut auoüer que les Hollandois gardent vne conduite fort prudente ; ils n'entreprennent point sur ceux du Pays ; ils n'en tirent aucune contribution, & se contentent d'y establir leur trafic, & d'empescher celuy des Portugais.

Masulipatã.

Masulipatan est le principal Port du Royaume de Golconda, il est sous le seiziéme degré trente minutes latitude Septentrionale : La Compagnie Angloise des Indes Orientales y tient vn Agent ou vn President & des Facteurs, comme aussi à Petapoly. I'y ay passé huict années en qualité de President des affaires de cette Compagnie ; c'est ce qui m'a donné la hardiesse d'entreprendre de satisfaire la curiosité des Purchas, qui m'a prié d'écrire vne Relation de ce pays. Masulipatan est vne petite ville mal bastie & encores plus mal scituée, mais qui ne laisse pas d'estre fort peuplée : Toutes ses eaux sont salées ; car quand la Marée hausse

Vvill. Floris establit ces Facturies, cõme vous le pouuez voir dans sõ voïage.

elle y monte prés d'vn mil auant dans le pays. C'estoit au commencement vne pauure retraite de pescheurs, & c'est delà qu'elle tire le nom qu'elle retient encore. La commodité de sa rade y attire les marchands, & son trafic a tousiours esté en augmentant depuis que ceux de nostre Nation ont commencé à y venir. Son climat est fort sain; ils diuisent leurs années en trois saisons; les mois de Mars, d'Auril, de May & de Iuin font celle de l'Esté; car en ce temps-là, non seulement l'approche du Soleil échauffe leur Pays, mais le vent au lieu de le temperer l'augmente: Il y souffle ordinairement vers la my-May vn vent d'Oüest qui eschauffe encor' plus le Pays que le Soleil mesme. La chaleur y est aussi grande, que l'on sent lors qu'on est proche d'vne maison qui brusle; tellement que dans les chambres les mieux fermées, le bois des chaires & des tables y est tellement eschauffé qu'on ne le peut toucher; & que l'on est obligé de jetter continuellement de l'eau dessus & sur le plancher des chambres; mais cét excez de chaleur ne dure que six ou sept iours en toute vne année, & depuis seulement neuf heures du matin iusques à quatre heures apres midy; car il vient apres vn air frais de la Mer qui la tempere agreablement. Ceux du Païs qui sont obligez de voyager durant ces grandes chaleurs en sont quelquefois estouffez; ce qui est aussi arriué à vn Hollandois qui voyageoit dans vn Pallanquin, & à vn de nos Anglois qui ne fit qu'vne demie lieuë pour aller iusqu'à la Barre du Port. Les moindres chaleurs de leur Esté surpassent encore de beaucoup les plus grandes chaleurs que nous auons en Angleterre, & dureroient tout le mois de Iuillet, d'Aoust, de Septembre & d'Octobre, mais les pluyes continuelles rafraîchissent l'air & la terre, & viennent en si grande abondance qu'elles inondent tout le Païs. Les habitans en reçoiuent le mesme auantage que les Ægyptiens tirent du Nil; car ils sement dans ces terres ainsi preparées leur Rys & les autres grains sans esperer d'autre pluye que huict mois apres. Ils content leur Hyuer au mois de Decembre, Ianuier, Feurier, mais il y fait aussi chaud qu'au mois de May en Angleterre; ainsi les arbres y sont tousiours verds & tousiours chargez de fruicts murs. On y fait deux moissons de Rys; il y a mesmes des terres qu'on despoüille trois fois, & celles qu'on ne seme qu'vne fois rendent extremement; ils sement vne espece de legume que nous n'auons point en Angleterre; ils ont de l'orge, mais ils en mangent peu; le Betle leur tenant lieu de tous les autres herbages dont nous nous seruons. Ce Pays est fort fertile, tout y est à bon marché, ce qui vient principalement de l'abstinence que font les habitans, & de ce qu'ils ne mangent d'aucune chose qui ait vie. L'on y a huict poules pour quatorze sols, vn mouton pour onze, & tout le reste à proportion, ces choses estant encore à meilleur compte hors de la ville.

Messl en Persan, signifie du poisson; & Patan en Indien, signifie vne ville.

Saisons de l'année.

Ce Royaume aussi bien que les autres Royaumes des Indes, prend son nom de la ville de Golconda, lieu de la residence de son Prince. Les Mores & les Persans l'appellent Hidraband; elle est esloignée du costé de Masulipatan de vingt-huict lieuës du Pays, dont chacune fait neuf de nos miles d'Angleterre. On fait ce chemin ordinairement en dix iours. Cette ville passe pour la mieux scituée de toutes les Indes, à cause de la douceur de son climat, de la bonté de ses eaux, & de la fertilité de son terroir. Le Palais du Prince surpasse aussi en magnificence tous les autres des Indes. Il a 12. miles de circuit tout basti de pierre; & aux endroits où nous employons icy le fer, comme aux barreaux des fenestres, c'est de l'or massif. On tient ce Prince pour le plus riche des Indes en Elephans & en pierreries. Il tire son origine des Persans, & a retenu leur Religion, qui differe en beaucoup de choses de celle des Turcs. I'en ay descrit la difference fort au long dans mō voyage, & ie n'ay rien à y adiouster icy, sinon qu'vn nommé Meéne qui se vantoit d'estre de la race de Mahomet, me disoit qu'il priroit plustost Dieu pour vn Chrestien, que pour vn Sunée, c'est à dire vn Mahometan heretique. Ce Prince & tous ses predecesseurs ont gardé le tiltre de Cotubsha, dont ie me

Golconda.

Le mille d'Angleterre est de 5000. pieds de Roy.

Les Persans sont appellez Seavv.

Cotub en Arabe signifie l'essieu, cōme si ces Rois estoiét l'appuy & le soustiē de Mahomet.

souuiens d'auoir leu l'origine dans Linschot. Il se maria au temps que i'estois dans le Pays auec la fille d'Adelsha Roy de Visiapour. Il a trois autres femmes, & au moins mil concubines : Il n'y a rien de plus commun parmy eux que d'auoir plusieurs femmes ; & de toutes les choses que ie luy pouuois dire de l'Europe, il n'y en auoit point qui l'estonna dauantage ; & comme il disoit, qui fut plus honteuse & plus deplorable, qu'vn Roy d'Anglererre qui auoit trois Royaumes, fust reduit à n'auoir qu'vne seule femme. Il est engagé dans vne ligue deffenduë auec *del Sta*, & *Sha*, contre le Mogol, mais les meilleures armes qu'ils employent pour s'asseurer contre ses enrreprises, sont les presens qu'ils luy font tous les ans, & trouuent plus auantageux d'acheter le repos que d'entrer en guerre. Il a de reuenu 25. leckques de Pagodes qu'il tire de tous ses Sujets, qu'on peut dire estre tous ses Fermiers. Ce Roy, comme presque tous les autres Roys des Indes est maistre de toutes les terres de son Païs ; elles sont diuisées par Gouuernemens ; que les Gouuerneurs tiennent à ferme du Roy, & les diuisent en plusieurs portions qu'ils sousferment à d'autres, & ceux. là à d'autres inferieurs, tant que cette subdiuisiō vienne iusqu'au peuple qui est fort miserable ; car lors qu'il ne peut pas payer sa ferme, il faut qu'il quitte le Païs ; Sa femme, ses enfans, ses freres & ses parens respondent de sa debte : Pour ce qui est des grands Fermiers & Gouuerneurs, quand ils manquent à satisfaire à leur payement, ils sont battus à coups de canne, comme il arriua au Gouuerneur de Masulipatan, qui mourut des coups qu'il receut sur le col, sur le vētre, sur le dos, & sur la plante des pieds. Tous les ans au mois de Iuillet, on expose en vente les Gouuernemens, on les donne au plus offrant ; tellement que dans ce peu de temps que dure leur bail, il n'y a point d'exaction ny de violence qu'ils ne pratiquēt. L'on compte dans le Pays soixante & six places fortes ; les soldats des Garnisons n'ont que cinquante sols par mois, & encore en sont-ils mal payez. La plus part de ces châteaux ou places fortes sont sur des rochers de fort difficile accez. I'en ay veu trois, Cundapoly, Cundauera, & Bellum-Cunda. Le mot de Cunda signifie en cette langue, vne montagne. Vn iour que j'eus occasion de rendre visite au Gouuerneur de la ville de Cundapoly, i'eus la curiosité d'entrer dans le Chasteau. Il me dit que luy-mesme qui estoit Gouuerneur du Pays, n'y pouuoit pas entrer sans vn ordre exprés du Prince, & que cét ordre ne s'obtenoit qu'auec beaucoup de peine. Il me dit que cette forteresse estoit composée de six differens forts tellement situez, qu'ils se commandoient l'vn l'autre, & qu'ils enfermoient des campagnes de grandes estenduës, où il y a toutes sortes d'arbres fruictiers, & où ils recueillent du Rys ; telle fût la Relation que m'en fit le Gouuerneur de Cundapoly. Pour moy, qui consideray de loin cette place, elle me parut sur le haut d'vne roche escarpée de tous costez, hormis du costé du chemin tres-estroit qui y conduit. Auec cela, elle ne laisse pas d'estre enfermée d'vne muraille auec quelques tours & bastions qui la flanquent. Ceux qui ont basty cette place, se sont seruis de l'auantage du lieu : & comme elle ne peut estre minée, & qu'elle commande à tout le Pays qui est autour ; c'est vn vray lieu de retraite pour vn Prince qui auroit perdu vne bataille. Ce Chasteau entretient correspondance auec celuy de Cundauera, qui en est éloigné de vingt-cinq milles. Par le moyen des feux qu'ils se font de nuit, l'exercice de toutes sortes de Religions est libre en ce Pays. Les personnes de qualité sont de la Religion du Roy, mais celle des naturels du Pays qui sont Gentils, est la plus suiuie. Ie ne puis m'empescher de dire quelque chose de cette Religion des Gentils ; leurs Prestres ou Docteurs de leur Loy, sont appellez Bramenes ; ils disent qu'au commencement il n'y auoit qu'vn seul Dieu ; qu'il s'en est depuis associé d'autres, les choisissant d'entre les hommes qui ont vescu sur la terre ; ils érigent des Temples ou Pagodes à leur memoire, & leurs addressent leurs prieres dans leurs necessitez.

Sentiment du Roy de Golconda, sur le mariage du Roy d'Angleterre.

Le Pagode vaut à peu prés vn écu d'or de Frãce.

Forteresse de Cundapoly.

Ils tiennēt l'ame immortelle, & qu'elle passe d'vn corps dans vn autre, selon qu'a vescu le dernier hōme, dans lequel elle s'est trouuée ; & c'est de là que vient cette crainte qu'ils ont de rien manger qui ait eu vie. Pour ce qui est des ceremonies qu'ils obseruent lors qu'ils se lauent & qu'ils mangent, ils les tiennent de leurs predecesseurs. Ils ont vne fort bonne morale, l'homicide & le vol sont des crimes inconnus en ce Pays-là; mais ils prennent toutes sortes d'auantages dans les Traitez qu'ils font. La Poligamie ou multiplicité des femmes est permise, cependant il y en a beaucoup qui ne se seruent pas de cette permission, si ce n'est lors que leurs premieres femmes se trouuent steriles. Il ne s'y parle gueres d'adulteres, & la coustume punit les femmes qui s'en trouuent conuaincuës. Pour ce qui est des filles & des vefues, il n'y a que la seule modestie qui les retienne. Ces peuples sont diuisez par Tribus ou lignées. Ils disent qu'il y en a pour le moins quarante-quatre. Ils se distinguent par là les vns des autres, & tiennent leur rang selon les prerogatiues de leur Tribu. Ainsi le plus pauure Bramen precedera le plus riche des Comiti, à cause que la Tribu de ces Bramens doit preceder l'autre. Ces Bramens sont les Prestres du Pays, & les Docteurs de leur Religion. Ils entendent fort bien l'Arithmetique, & les Marchands Mahometans les employent ordinairement pour faire leurs comptes. Ils écriuent sur des feüilles de palmites auec vne pointe de fer, & tiennent par tradition de leurs ancestres, les secrets de la Medecine, de l'Astrologie, & des autres Arts qu'ils pratiquent, & ne les communiquent iamais à ceux des autres Tribus. Ils sont assez bons Astrologues, & ne reüssissent pas mal dans les predictions des éclipses: ce qui leur a acquis vne si grande reputation parmy les Gentils & parmy les Mores, qu'ils n'entreprennent point de voyages ny de grandes affaires sans les auoir consultez auparauant sur l'heure à laquelle ils en doiuent commencer l'execution. I'ay veu le Gouuerneur de Masulipatan attendre dix iours l'heure de faire son entrée en son Gouuernement. Il y a deux Roys de cette race ou Tribu, le Samorin Roy de Kalecu, & le Roy de la Cochinchine. La lignée appellée Fāgam, tient le secōd rāg apres les Bramenes. Ils obseruent les ceremonies des Bramens, & ne prennent point d'autres nourritures que du beurre, du laict, & toutes sortes d'herbages, excepté l'oignon, auquel ils ne touchent point à cause de certaines veines qui s'y trouuent, & qui leur paroissent auoir quelque ressemblance auec du sang.

Tous les Habitans diuisez par Tribus.

Tribu des Bramens.

Tribu des Fangams.

L'E. de C dit vne autre raison, & que c'est à cause qu'estāt suspendu au plancher & hors de terre, il germe, tirant de là vne induction que c'est vn animal.

Les Comitis composent l'autre Tribu; sont tous Marchands dans le Pays, & rauissent d'vn costé & d'autre les toiles de cotton pour les reuendre en gros aux Marchands estrangers. Ils se mélent aussi de changer les monnoyes, en quoy ils sont tres-habiles; & à la seule veuë d'vne piece d'or, ils en connoissent la valeur interne à vn grain prés. Ils jugent aussi fort bien de la bonté de toutes sortes de Marchandises; si bien que l'austerité de leur vie, & cette grande connoissance qu'ils ont, me fait croire qu'ils tirent leur origine des Banians, qu'ils leur ressemblent dans l'vne & dans l'autre de ces qualitez.

Tribu des Comitis.

Campo-varo est la Tribu qui suit apres: elle est composée de Laboureurs, de gens de trauail, & des soldats des Garnisons. Cette Tribu est plus nombreuse que les autres. Ils mangent de toutes sortes de viandes, à l'exception du bœuf; mais il n'y a point de necessité qui les peust obliger de tuer vn Bœuf ou vne Vache. La raison qu'ils en apportent, est que leur Pays tire presque toute la subsistance de ces animaux. Ils leurs donnēt le laict & le beurre, & croyent que c'est de luy qu'ils tiennent aussi les fruits de la terre, à cause qu'ils seruent à labourer; tellement que selon leur sens, c'est la plus grande inhumanité qui se puisse imaginer, de tuer tous les iours & de manger vn animal dont on tire tant de seruice; tellement que pour rien du monde, ils ne venderoient aux Anglois ny aux autres Europeens, vn Bœuf ny vne Vache, quoy qu'entre-eux elles ne se vendent que quatre francs ou cent sols.

Tribu des Campo-varo.

L'autre Tribu est des femmes de débauche. Il y en a de deux sortes; les vnes ne se prostituent qu'aux gens qui sont d'vne Tribu plus noble que la leur, & iamais à ceux d'vne Tribu inferieure; les autres ne refusent personne, & tiennent ce genre de vie de leurs ancestres, qui ont fait le mesme mestier. En effet, leurs filles, si elles sont belles, sont éleuées dans ce dessein; autrement si on ne les estime pas assez bien faites pour y reüssir, on les marie auec des hommes de cette mesme Tribu;

Tribu des femmes de débauche, de deux sortes.

& les filles qui viennent de ce mariage, reparent le dés-honneur de leurs meres qui n'ont pas esté jugées assez belles pour faire ce mestier; tellement que cette succession n'est iamais interrompuë. On fait apprendre à ces jeunes filles à danser, & leur principal soin est de leur rendre le corps souple dés leur jeunesse: Apres auoir esté ainsi éleuées, elles font des postures que l'on croiroit impossibles. I'ay veu quelquesfois vne fille de 8. ans, leuer l'vne de ses jambes aussi droite par dessus sa teste, que j'aurois pû leuer mon bras, estant cependant debout, & se soustenant sur l'autre. Ie leur ay veu mettre les plantes de leurs pieds sur leurs testes: Enfin, elles passẽt en cela nos plus habiles danseurs de corde; elles ne doiuẽt point d'autre tribut au Roy, que de se rendre vne fois l'année à Golconda, pour faire toutes sortes de postures deuant ce Prince; où celle qui y reüssit le mieux, reçoit vn present de Sa Majesté. Elles satisfont de mesmes les Gouuerneurs des Prouinces, & dansent deuant eux lors qu'ils le commandent; mais elles se font payer de tous les autres qui les employent aux occasions des Festes, des arriuées des Vaisseaux, des Circoncisions, & des autres réjouyssances. Il y en a entre-elles de fort riches, de fort bien mises, & qui ont sur elles quantité de pierreries. Pour leurs habits, ils sont de toile de cotton, ou de quelque estoffe de soye fort legere; elles portent vn corps de sarge, auec des manches qui ne leur viennent que jusques au coude; aux bras elles portent des bracelets d'or, auec des rubis & des émeraudes; elles ont toutes des pendans d'oreilles; il y en a mesme quelques-vnes qui ont les narines percées, & qui y mettent vne bague auec vne perle ou vn rubis; elles ont à leur col des filets de perles ou de corail; & pour leur coëffure, elles releuent leurs cheueux auec vn nœud qu'elles font sur leur teste.

Tribu des Artisans.

Les Charpentiers, les Massons, les Orfévres, & les Marchands, font vne autre Tribu. Les derniers de tous sont les Piriaues; ils ne sont reçeus dans pas vne des autres Tribus; on ne leur permet point de demeurer dans les Villes: & si par hazard ceux des autres Tribus s'estoient frottez contre-eux, ils seroient obligez à s'aller lauer tout aussi-tost. Leur mestier est de preparer les cuirs, de faire des souliers, d'emballer les Marchandises. Ie n'ay iamais veu de gens plus sales.

Les Peintres sont vne Tribu à part, comme aussi les Selliers, les Barbiers, & ceux qui portent les Pallãquins.

Il faut que j'adjouste icy quelque chose de ceux qui portent les Pallanquins: huict de ces hommes vous porteront auec vn matelats & des coussins, trente-six de nos milles d'Angleterre en vn iour. Ils sont tousiours quatre, & se succedent les vns aux autres; ils s'accoustument à ce trauail dés leur jeunesse. Toutes ces Tribus ont vne mesme Religion & vn mesme Pagode ou Temple d'Idoles où ils s'assẽblent, mais dãs ce Temple ils choisissent chacun leur Idole. Ces Pagodes sont ordinairement fort obscurs, & n'ont point d'autre lumiere que celle qu'ils reçoiuẽt des portes qui sont tousiours ouuertes: ils seruẽt aussi de retraite à ceux qui voïagent; car le Bramen qui y demeure, n'en occupe qu'vn petit coin. Ils n'ont en toute l'année qu'vne seule Feste, à laquelle chacun se rend aux pieds de l'Idole qu'il adore. On void ce jour-là des milliers de ce Peuple qui s'y rendẽt. Ils jeûnent 24. heures; ils se lauent; ils attachent des lampes le plus proche de l'Idole qu'ils peuuent, & luy font des prieres chacun selon ses necessitez; il y en a mesme qui viennent pour voir leurs amis & leurs parens. L'on void sur le chemin des gueux qui ont des inuentions admirables pour exciter à compassion les passans; car ceux qui n'ont point de défaut, se roulent tous nuds sur des épines; d'autres s'enterrent dans vne fosse jusques au col. Sur la minuit on porte le Pagode au son des trompettes, & on tire quantité de feux d'artifices, que ces Peuples preparent fort bien. Entre ces Idoles, ils en ont vne qui est des plus adorées; c'est vn bloc de pierres qu'ils disent ressembler d'autant mieux à la Diuinité, qu'il n'a aucune figure semblable à ces Atheniens qui auoient dressé vn Temple au Dieu inconnu. Ils ont 4. autres Festes principales, dont la solemnité se passe dans l'eau de la Mer. Ils se rendent ce jour-là sur ses bords: ils s'y lauent sous la direction de leurs Docteurs ou Bramenes, qui prononcent certaines paroles en leur jettant de l'eau. Le Bramen & ceux du Peuple qui reçoiuent la Benediction, sont dans ce temps-là dans l'eau jusques à la ceinture. Ils se font tous les iours de nouuelles Idoles, leur donnant des figures qui leur sont venuës en songe, & font vœu quelquesfois de ne point manger jusqu'à ce qu'ils ayent acheué de les tailler ou de les fondre. I'en ay veu vne de pierre noire de quatre pieds de haut; elle representoit vne figure humaine; ils disoient que si l'on eust jetté sur sa teste vn boisseau de Rys, tous les grains se seroient arrestez sur cette Idole, sans qu'il en tombast vn seul grain à terre. Vn autre m'asseuroit qu'vn homme qui se seroit coupé la langue deuant son Idole, il luy en seroit reuenu vn autre en la place; mais il n'en voulut point faire l'experience. On m'en fist voir vne troisiéme, ceux du Pays asseuroient, que si on mettoit quelque quantité de miel de Sorbec, ou de quelque autre liqueur que ce fust, dans vn trou qui en estoit proche, il ne s'y en perdroit justement que la moitié; Que d'vne pinte le trou en auroit retenu vne chopine, & vn demy muid d'vn muid entier. Ils adorẽt vne autre Idole qui fait venir, ce disent-ils, les maladies, & particulierement la petite verole: Pour mieux exprimer les desordres de cette maladie, ils la representent par la figure d'vne grande femme maigre, ou plustost d'vne Furie qui a deux testes, & quatre bras. En voïageant vn iour en ces quartiers, ie fus obligé de passer la nuict dans le Temple de la petite verole: celuy qui l'auoit basty, me raconta que cette maladie s'estant mise dans sa famille, il auoit fait vœu de luy bastir ce Temple, & qu'elle auoit cessé tout aussi-tost. Les plus deuots & moins riches, luy font vn autre vœu encore plus extrauagant; je fus exprés pour en voir l'execution vn iour, qui sembloit estre destiné pour ces spectacles.

Leurs Idoles, & les miracles qu'ils supposent.

Temple de la petite verole.

On fait deux ouuertures auec vn cousteau dans les chairs des espaules de celuy qui a fait ce vœu, on y passe les pointes de deux crocs de fer; ces crocs tiennent au bout d'vn grand arbre ou piece de bois posée sur vn essieu, qui est porté par deux roues de fer, en sorte que la piece de bois a son mouuement libre: d'vne main il tient vn poignard, de l'autre vne espée: on l'éleue en l'air, & par le moyen des roues on luy fait faire enuiron vn quart de lieuë de chemin. Il fait cependant mille actions auec ses armes, & il y a lieu de s'estonner comment la pesanteur de son corps ne fait point rompre l'endroit de la peau par laquelle il est attaché: On en accrocha quatorze en ma presence les vns apres les autres, pas vn desquels ne se plaignit de ce martyre: on met vn appareil sur leurs playes, & retournent au logis auec vn fort mauuais visage, & le corps en piteux estat. Ils ont des dieux gardiens de leurs maisons; le chef de la famille en a le soin; ils leur font vne feste, & les enfans mangent ce qui leur a esté presenté dans le Sacrifice. Les peres & les meres choisissent vn party à leurs enfans, ils le choisissent tousiours dans la mesme Tribu; & autant qu'ils peuuent dans la mesme famille, & entre leurs plus proches parens, n'ayant aucun esgard entre-eux aux degrez de parenté. Ils ne donnent rien à leurs filles en les mariant: le mary mesme est obligé de faire quelques presens au pere & à la mere de la fille; il y en a beaucoup qui ne se marient pas, à cause qu'ils n'ont pas assez de bien pour faire cette dépense. Les personnes riches marient les garçons dés l'âge de cinq ans, les filles dés l'âge de trois. I'ay veu beaucoup de ces ieunes mariez, & ils croyent dans le païs que c'est vne grande prudence de les marier de la sorte: car, disent-ils, ils sont tousiours mariez du viuant de leurs peres, qui choisit mieux leur party qu'ils ne feroient pas eux-mesmes. Quand le garçon a douze ou treize ans, & la fille dix ou onze, le mariage se consomme, & i'en ay veu acoucher qui n'auoient que douze ans. Le iour du mariage on porte les mariez dans vn Pallanquin; on les promeine dans les places publiques de la ville auec des musiciens, & la troupe des courtisannes qui dansent à la teste du cortege, & s'arrestent aux portes des maisons des grands Seigneurs ou on leur fait quelques regales: quand ils sont retournez au logis, le Bramen estend vn drap entre le mary

Le vœu qu'on luy fait de se faire accrocher.

Mariages.

& la femme, & dit quelques prieres : il commande apres au mary de passer la jambe par dessous le drap, & de presser de son pied, qui est nud, le pied de l'épousée qui est de mesme, comme vn prelude de la consommation du mariage qui se doit faire en suite. S'ils sont trop jeunes, la consommation est remise à vn autre temps ; s'ils sont en âge, on les remene à la maison du pere du garçon, ou en celle du plus âgé de ses freres ; car les freres & ceux d'vne famille, quoy que fort nombreuse, ne se separent guere ; ils rapportent en commun tout ce qu'ils gagnent, rendent grand respect à leurs parens, & viuent dans vne grande vnion. Si le mary meurt, la veufue ne peut plus se remarier, pas mesme celles qui ont esté mariées à l'âge de trois ou quatre ans, & dont le mariage n'a pas esté consumé. C'est vne malheureuse condition que celle de ces veufues qui ont leur pucelage, on ne leur permet point de sortir ; s'il y a quelque fatigue à faire dans la maison, elles en sont tousiours chargées : on ne leur souffre point de beaux habits, de pierreries, ny d'autres ornemens : en fin on les tient de si court, que la plusspart s'enfuïent pour mener vne vie plus libre, mais il faut qu'elles la passent loin de leurs familles, pour se mettre à couuert du danger d'estre empoisonnées par leurs parens, qui en feroient gloire dans ce rencontre.

Ils ne baptisent ny ne circoncisent point leurs enfans : Ils ne font point d'autres ceremonies à leur naissance que de leur donner vn nom qui est pris ordinairement de leurs peres de la Tribu dont ils sont, ou quelque épitete qui marque quelque defaut ou qualité de leurs personnes. Les femmes en ce païs accouchent presque sans peine, & se lauent ordinairement deux ou trois iours apres s'estre déliurées de leurs enfans : il y en a mesme qui le font dés le premier iour. Leurs enfans ne leur dõnent pas plus de peine à éleuer, car iusqu'à l'âge de 7. à 8. ans elles les laissent tout nuds ; ils se roulent par terre iusques à ce qu'ils puissent marcher, & en les lauant souuent dans l'eau, elles les tiennent fort nets. Les enfans des personnes riches sont éleuez auec plus [illegible] habits, & on ne leur en donne point que les iours de feste : L[illegible] sont sortis de l'âge de l'enfance portent vne piece de drap de co[illegible] pend depuis la ceinture iusqu'aux genoux, & vne espece de [illegible] sur les espaules, qui leur couure iusqu'au milieu du corps : Ils releuent leurs cheueux, qu'ils laissent croistre comme les femmes, portent le Turban, des anneaux aux oreill[illegible] de petites perles & des chaînes de ginebra ou d'argent à leur col : car il y [illegible] qui puissent en auoir d'or. Ils ne sont pas tout à fait noirs, mais oliua[illegible] les vns neantmoins plus blancs que les autres, & la plusspart bien faits de leurs personnes, robustes, & assez ciuils dans leur cõuersation. Ceux de nostre Nation ont eu sujet de s'en loüer dans le temps de leur residence dans le pays. Les artisans d'vne mesme Tribu trauaillent tous pour mesme salaire, & ce salaire est peu de chose. Le marchand & l'orpheure quoy que l'vn fasse des fers à ferrer, & l'autre des chaînes d'or, ne gagneront que la valeur de cinq ou six sols en vn iour, & dans nos maisons nous estions fort bien seruis par des gens ausquels on ne donnoit qu'vne piece de cinquante huict sols par mois sans les nourrir. Ceux qui portent les Pallanquins ne gagnent pas dauantage, encore sont-ils obligez de faire quelques coruées pour le Gouuerneur. La grande abondance du Païs, & la diette continuelle de ces peuples, fait que les viures y sont à grãd marché. Quand ils meurent on en brusle les vns, & l'on jette les cendres dans la plus proche riuiere. L'on enterre les autres assis les jambes croisées, comme ils s'asseent ordinairement. Il faut que ie rapporte ce que i'ay veu de ces femmes qui se font brusler sur les corps de leurs maris. C'est vne Tradition receuë entre ces Indiens, qu'autrefois les femmes de ce Pays estoient si portées à la débauche, qu'elles empoisonnoient ordinairement leurs maris pour la faire auec plus de liberté ; ce fut l'occasion d'vne Loy que l'on y establit, que les femmes se brusleroient sur les corps de leurs maris, ce qui se pratique encore maintenant dãs l'Isle de Baly proche de Iaua, mais en ces derniers temps

Femmes qui se brûlent sur le corps de leurs maris.

temps on a reformé la rigueur de cette Loy, & la veufue est seulement obligée à ne se point remarier, on permet toutesfois à celles qui se veulent brûler la liberté de le pouuoir faire: Ce qui arriue quelquesfois; car elles croyent que mourant de la sorte leurs ames tiendront compagnie à celles de leurs maris dans les transmigrations qu'elles ont à faire. Ie me suis trouué à deux de ces spectacles; le premier fut de la femme d'vn Tisseran âgée de vingt ans; elle se para le mieux qu'elle pût, & se fit accompagner de ses plus proches parens & amis; elle se reposa quelque temps sur le bord de la fosse où elle deuoit estre bruslée, entretenant cependant auec vn esprit fort tranquile ceux qui venoient prendre congé d'elle: Elle mangeoit quelquefois des feüilles de Bettele, marquant mesme auec les mouuemens de son corps, la cadence de la musique qui estoit là, & qui faisoit partie de ce spectacle. Nous en fusmes auertis dans la Ville, & nous courusmes en grande diligence pour y arriuer à temps. Ils s'imaginerent nous voyant venir auec cette haste, que le Gouuerneur nous auoit enuoyez pour empescher cette femme de se brûler; & ils en presserent l'execution. Quand nous arriuâmes, ils jettoient desia de la terre sur son corps; Car chacun des parens tient vn pannier plein de terre qu'ils jettent tous en mesme temps. Nous remarquasmes qu'vn de ses parens s'approcha de la fosse, & l'appella par son nom. Il nous voulut faire croire qu'elle luy auoit répondu, & qu'elle luy auoit dit qu'elle estoit fort contente de la resolution qu'elle auoit prise. On éleua sur cette fosse vn peu de terre, & ils s'en retournerét fort glorieux d'auoir eu vne parente si genereuse. L'autre estoit vne femme de la Tribu de Campo-varo; celle-cy apres s'estre preparée comme la precedente, chantoit en s'approchant du bûcher, *Bama-Narina, Bama-Narina*, qui est le nom d'vne de leurs Idoles, & se jetta dãs la fosse où son mary brûloit: ses parẽs & amis l'eurent plustost couuerte de terre, que le feu ne l'eût brûlée. La troisiéme estoit la femme d'vn Orfévre; son mary estant mort, elle se resolut de le suiure; elle vint trouuer chez moy auec ses parens, le Kutual ou Magistrat de la Police, pour obtenir de luy cette permission. Le Kutual luy répondit qu'elle l'allast attendre à son logis, & qu'ils parleroient de cette affaire, taschant cependant à la détourner de ce desespoir, & luy disant qu'il auroit soin de sa personne. Cette femme témoigna faire peu de cas de ses offres, & partit mal satisfaite, disant qu'il luy pouuoit bien refuser cette permission; mais non pas l'empécher de mourir de quelque autre genre de mort. Peu apres, on me dit qu'elle s'estoit penduë; la chose arriua à Masulipatan, où ils sõt presque tous Mahometans, & ne permettẽt pas aux Gentils d'executer ces cruelles coustumes. Pour la quatriéme, ie rapporteray ce que j'ay appris d'vn de nos Facteurs. Il me disoit, que voyageant à la campagne pour les affaires de nostre Compagnie, il vid de loin vn grand concours de Peuple; que s'en estant approché, il trouua que c'étoit vne femme qui s'alloit brûler sur le corps de son mary. Il mit l'épée à la main auec ceux de sa troupe; & ayant écarté ceux qui assistoient à ce spectacle, il tascha de persuader de viure à cette femme qui estoit demeurée toute seule, l'asseurant de la prendre en sa protection, & de la deffendre de l'importunité des parens de son mary; mais elle ne se laissa point persuader, luy dit qu'elle ne souhaitoit rien tant que la mort: Si bien que l'abandonnant à son desespoir, il permit aux Indiens de s'en r'approcher, & d'acheuer cette triste ceremonie, dont il fut le spectateur.

Femmes qui se bruslent sur le corps de leurs maris.

I'ay entendu dire à beaucoup de gens, que la Mine des diamans auoit esté trouuée par hazard; & qu'vn Berger gardant son troupeau à la campagne, & ayant donné du pied contre vne pierre qui luy parut auoir quelque éclat, il l'auoit ramassée, & l'auoit venduë pour vn peu de Rys à vn Committy, qui ne la connoissant pas, l'auoit aussi reuenduë à vn autre de sa Tribu, sans en tirer grand profit; qu'elle auoit ainsi passé en plusieurs mains, jusques à ce qu'enfin elle tomba entre celles d'vn homme qui en reconnut la valeur. Ce dernier marchand chercha

Description de la Mine des diamans de Golconda

ſoigneuſement les perſonnes par les mains de qui elle auoit paſſé, & trouua en fin le lieu de la Mine. La choſe ayant eſté diuulgée, le Roy en prit poſſeſſion, & les Ioaliers de tous les pays d'alentour ſ'y rendirent. Pour moy, ie me reſolus d'y faire vn voïage auec le Sieur Soccore Gouuerneur du Fort, & le Sieur Thomaſon Marchand; nous voulions voir principalement l'ordre que l'on garde en cette Mine, & conſiderer l'endroit d'où l'on tire vne choſe ſi precieuſe. Nous fûmes quatre iours en chemin, & trauersâmes vn Pays deſert, ſterile & plein de montagnes; tellement que nous trouuâmes que la Mine eſtoit à cent huit milles de Maſulipatan. Nous logeâmes dans l'Hoſtellerie; & d'abord pour ſatisfaire à la couſtume du Pays, nous allâmes voir le Gouuerneur; c'eſtoit vn Bramene nommé Ray Ravv; il eſtoit là par l'ordre du prince pour receuoir ſon droit & pour adminiſtrer la Iuſtice à toutes les differentes Nations que l'auidité du gain y attire. Il nous receut fort bien, & nous fit voir de fort beaux diamans qui appartenoient au Roy, & vn entre-autres de trente quarats, qui ſe pouuoit tailler en pointe; mais qui n'eſtoit pas parfait. Nous retournâmes à la Mine le iour ſuiuant; elle eſt éloignée de la Ville de deux lieuës. Il y a bien trente mille perſonnes qui y trauaillent; les vns foüiſſent la terre; les autres en empliſſent des baquets; les autresen puiſent l'eau; d'autres portent la terre de la Mine en vne place bien vnie & quarrée, ſur laquelle ils l'étendent à la hauteur de quatre ou cinq poulces; ils la laiſſent ſeicher au Soleil, & le iour ſuiuant ils broyent les mottes de cette terre en frappant deſſus auec des pierres: ils ramaſſent apres les cailloux qu'ils ont trouuez dedans; ils les caſſent, & y trouuent des diamans, quelquesfois il ne ſ'y en rencontre point du tout, & cela ſelon la terre qu'ils ont trauaillée: ce qu'ils connoiſſent à la veuë; quelques-vns me diſoient qu'ils le connoiſſoient meſme à l'odeur de la terre ou motte: Quoy qu'il en ſoit, il eſt tres-certain qu'ils le connoiſſent ſans rompre ces mottes & cailloux: Car ie voyois en quelques endroits qu'ils n'auoient fait qu'égratigner vn peu la terre, & que dans d'autres ils auoient foüillé juſqu'à la profondeur de dix ou onze braſſes. La terre de cette Mine eſt rouge; elle a des veines d'vne matiere ſemblable à de la chaux, quelquefois blanche & quelquefois jaune: Elle eſt mélée de cailloux, leſquels ſe leuent attachez pluſieurs enſemble. Ces mottes ſe ſeichent eſtant expoſées au Soleil; ils les broyent comme j'ay dit auec des pierres; je pris vne motte, que ie garde encore pour la ſatisfaction des curieux. Ces Mines ne ſe trauaillent point comme celles de l'Europe, où l'on fait des allées ſous terre; ils creuſent droit en bas, & font comme des puits quarrez. Ie ne puis pas aſſeurer ſi ils ſuiuent cette maniere par la cõnoiſſance qu'ils ayent du cours de la veine, ou ſ'ils le font par ignorance; mais ie puis bien aſſeurer qu'ils ont vne maniere de tirer l'eau de leurs Mines, meilleure que toutes les machines que nous y employons ordinairement; ils le font auec des hommes qu'ils placent les vns au deſſus des autres, & qui ſe donnent l'eau de main en main juſqu'à ce qu'ils l'ayent tirée dehors, la diligence eſtant fort neceſſaire à ce trauail: car l'endroit où ils ont trauaillé à ſec toute la nuict, ſe trouueroit le matin plein d'eau à la hauteur d'vne braſſe. La mine eſtoit affermée à vn nommé Marcanda, qui eſt de la Tribu des Orphévres; il en paye au Roy tous les ans 300. mille Pagodes, le Roy ſe reſeruant tous les diamans qui paſſent dix carats. Ce fermier general diuiſe la Mine en pluſieurs portions par quarrez, & il la ſousferme à d'autres. Le Roy pour eſtre aſſeuré que l'on ne deſtourne point les pierres qui ſont de ſon droit, oblige le Gouuerneur du Pays d'y eſtre ſouuent, & pour faire punir fort rigoureuſement ceux qui entreprendroient de le frauder de ſon droit; mais cette crainte n'empeſche pas qu'on ne détourne quelquefois des diamans de 40. carats. I'en ay veu deux qui approchoient de 20. carats châcun, & pluſieurs de 10. & d'11. mais ils ſe vendent fort cherement. La Mine eſt ſcituée au pied d'vne grande montagne aſſez proche d'vne riuiere nommée Chriſténa. Ce Pays eſt naturellement ſi ſterile, qu'aupara-

La ville dõt eſt queſtion icy eſt celle de Golcõde.

Maniere de tirer l'eau de la Mine des Diamãs.

uant cette découuerte c'estoit vn desert: il est maintenant fort peuplé, & il y a plus de cent mil hommes qui y trauaillent ou qui y trafiquent. Les viures y sont fort chers, car on les apporte de bien loin. Les maisons mal basties, comme ne deuant seruir que pour le peu de seiour qu'on y fait. L'année 1622. la Mine fut fermée; on fit retirer tous ceux qui y estoient; quelques-vns ont creû que c'estoit pour faire augmenter le prix & le debit des diamans, ne voulant pas qu'on en tirast de nouueaux que les premiers qui auoient esté tirez ne fussent vendus: d'autres asseurent que ce commandement fut fait sur vne Ambassade du Mogol, qui demanda au Roy de Golconda trois liures pesant de ses plus beaux diamans. On l'ouurit apres qu'ils se furent accordez sur cette demande; mais à ce que i'apprens, elle est presque épuisée, & l'on y trouue à cette heure fort peu de diamans. Il y a en ce Pays beaucoup de cristal & beaucoup d'autre pierres transparantes qui n'ont pas la mesme dureté, & qui sont de peu de valeur, comme des Grenas, des Ametistes, des Topazes, des Agathes, & semblables pierres tendres. Il y a aussi beaucoup de fer & d'acier qui se transporte en plusieurs endroits des Indes: on vend le fer enuiron 30. sols le cent de liures, & 45. sols le cent d'acier pris sur les lieux, & trois schellings le bon acier: Et comme il le faut faire porter sur des boeufs jusqu'au port de Masulipatan, & qu'ils mettent huict iournées de chemin en ce voyage, on l'y vend jusqu'à quatre francs ou cent sols; le reste de ce Pays ne produit ny or, ny cuivre, ny autres métaux.

Les pierres de Bezoar s'y trouuent en quantité; mais c'est dans vn seul endroit du Pays. Ils tuënt vne infinité de Chévres, & leur ouurent le ventre pour les chercher; ils en trouueront dans quelques-vnes jusqu'à trois ou quatre, les vnes longues, d'autres rondes, mais toutes fort petites. Les plus grosses viennent d'autres Pays; les meilleures se trouuent en Perse. Ils disent que celles de Perse se trouuent dans le corps des Singes; on s'en sert beaucoup dans les Indes, & sont fort cheres par cette raison; il y a peu de profit à en apporter en Angleterre. On a fait cette experience sur ces Chévres; on en prit quatre, & on les transporta à quelques cent cinquante milles de là: on en ouurit deux incontinent apres, dans lesquelles on trouue des Bezoars. On ouurit la troisiéme dix iours apres, on y vid quelque marque qu'il y en auoit eu: & dans la quatriéme qu'on ouurit vn mois apres, on n'y trouua ny Bezoar ny aucune marque ou vestige de pierre. Ils en tirent vne consequence, qu'il faut qu'il y ait en ce lieu-là quelque arbre ou quelque plante; laquelle seruant de nourriture à ces animaux, est cause de la production du Bezoar.

Pa-zahar signifie en Persan la pierre du poison.

On y trauaille toutes sortes de toiles de cotton, mais qui se distinguent aisément de celles qui se font dans tout le reste des Indes. La teinture, ou pour mieux dire la peinture des toiles de ce Pays, car ils peignent les plus fines auec vn pinceau, est la meilleure & la plus belle de toutes celles qui se font dans le Leuant. On a beau lauer ces draps ou toiles, la couleur dure autant que l'estoffe. On tire cette teinture d'vne plante qui ne croist que dans ce Pays, ils l'appellent Chay; & est autant estimée parmy eux, que la Cochenille l'est dans l'Europe.

Teinture, ou plustost peinture des toiles de cotō.

L'on y fait aussi de l'Indigo, il est à peu prés de la mesme qualité que celuy qu'on appelle Indigo de Lahor. Les Hollandois en ont acheté vne grande quantité; mais ceux de nostre Nation qui en font de grandes experiences, se trouuent mieux de celuy qu'ils achetent à Surate. Ils ont commencé depuis quelques années à planter du tabac, qu'ils transportent à Moca & à Arecan; mais il n'a pas la force du nostre: ce qui vient, comme ie croy, de ce qu'ils ne le sçauent pas trauailler, n'y apportant autre soin que celuy d'en faire seicher les feüilles au Soleil. Ce sont là les principales commoditez & marchandises du Pays; ils les transportent par toutes les Indes dans leurs Vaisseaux qui sont d'vn grand port, mais dont la structure n'en est pas si bien entenduë que celle des nostres. Ils trafiquent ordinairement dans la Mer-rouge au Mocha, dans l'Isle de Sumatra, à Arecan, à

Indigo.

Tabac.

l'Isle de Zeilan, & au Cap de Comorin.

Leurs nauigations ou commerce.

Ils partent au mois de Ianuier pour aller au Mocha, & retournent au mois de Septembre ou d'Octobre suiuant. Le Roy y enuoye quantité de Rys comme vne aumosne, pour y estre distribuée aux pelerins qui font le voïage de la Meque. Il y enuoye aussi des marchandises pour acheter des cheuaux Arabes; ils n'en mettent que cinq ou six dans vn Vaisseau. Ils sont fort estimez dans le Pays; car ils n'ont point de cheuaux de bonne race; l'on y enuoye aussi du tabac en grande quantité, des fers de lance, des toiles de cotton propres pour faire des turbans, du fer, de l'acier, de l'Indigo, du Benjoin, des gommes, & de la lacque; ils en raportent des camelots, mais sur tout des Sultanins & des pieces de cinquãte huit sols. Au mois de Septembre, leurs Vaisseaux se mettent à la voile pour Achin, Arecan, Pegu, & pour Tannassary; car dans toutes les costes des Indes, les vents sont continuellement six mois d'vn costé, & puis six mois de l'autre, estans seulement vn peu changeans sur la fin de ces six mois, & ne manquent point de se succeder ainsi les vns aux autres au mois d'Auril & d'Octobre: ils portent à Achin beaucoup de fer, d'acier, des toiles blanches, des toiles teintes, & quelques diamans depuis que la Mine a esté découuerte. Ils en rapportent du Benjoin, du Camfre de Baraussi, du poivre de Priaman, & de Tecoo, des Porceleines, & toutes sortes de marchandises de la Chine.

Moussons.

Ils portent à Arecan du tabac, du fer, vn peu de toiles de cotton peintes, & en tirent pour leur retour de l'or, de la Lacque, mais principalement du Rys qu'ils reuendent auec profit à Pallecatte, & le long de la coste de Narsingue.

On charge pour Pegu des pieces de toiles de cotton peints de diuerses sortes, ils en retirent des rubis & des saphirs, de l'or, la meilleure lacque qui se trouue, de l'estain, & du vif argent.

Ils trafiquent à Tannassary des toiles de cotton teintes en rouge; ils en portent mesme par terre jusqu'à Siam, qui est vn chemin de quatorze journées, & en retirent toutes sortes de marchandises de la Chine, des Porceleines, des Satins, du Damas, de la Soye, du bois d'Aloës, du Benjoin de Camboya, beaucoup d'acier, & d'vn bois qui sert pour teindre en rouge, qu'ils nomment dans le Pays Sapang, & qui est le mesme que nostre bois de Bresil.

Ils nauigent le long de ces costes, auec des petits Vaisseaux qu'ils chargent des Roy & d'autres grains qu'ils vendent dans la coste de Bisnagar auec grand profit; car on leur donne en échange des enfans qui ne leur reuiennent qu'à quarante ou cinquante sols la piece, & ils les reuendent apres huict ou neuf écus. Ie finiray icy la Relation du Royaume de Golconda, dans laquelle ie me suis peut-estre trop estendu; mais tousiours l'experience de cinq années de residence que j'y ay fait, m'asseurent que ie n'ay rien mis dans cette Relation, qui ne soit veritable.

Royaume de Bengala.

Le Royaume de Bengale est frontiere à celuy-cy, & est sous la domination du Mogol, qui y tient ses Gouuerneurs, ce voisinage oblige le Roy de Golconda, d'être tousiours sur ses gardes, quoy qu'il y ait des deserts & des riuieres qui semblent l'asseurer de ce costè là. La coste de ce Pays est trop dangereuse, & nos vaisseaux trop grands pour les hazarder entre les roches & les bancs qui y sont, mais nous connoissons par l'abondance des choses que le Païs produit, qu'il n'y en a point de plus fertile en toutes les Indes. Il y a vn an qu'il arriua à Masulipatan vne flotte de petits vaisseaux du port de 20. tonneaux ou enuiron, chargez des marchandises du Païs. Les planches de ces petits bastimens estoient cousuës les vnes aux autres auec du Cairo, qui est vne espece de corde faite des racines de l'arbre que porte le Cocos, sans qu'il y eut aucune piece de fer employée dans ce petit bastiment. Ces Barques estoient chargées de rys, de beurre, de sucre, de cire, de miel, de gommes, de lacque, de poivre long, de toutes sortes d'estoffes de cotton, de Moga qui se fait de l'escorce d'vn certain arbre. Il y auoit aussi quantité de tapis & de couuertures faites de Moga; & cependant ce qui fait voir l'abondance de leur Pays: ils trouuoient grand

Cairo.

Moga.

profit à vendre ces marchandises à Musulipatan où elles sont desia à grandissime marché. Les Portugais qui ont esté obligez de quitter leur Pays se retirent en ces quartiers, & y viuent comme des bandis sans gouuernement, sans police, & sans exercice de Religion. C'est le meilleur Pays des Indes, que l'on peut dire estre habité par les plus méchans hommes du monde: On dit ordinairement que les hommes y sont volleurs, & toutes les femmes débauchées. Le Gange entre dans la Mer en cét endroit; il y a quantité de Crocodils; i'en ay veu d'vne grandeur extraordinaire dans les riuieres qui se rendent dans ce Golphe: les bateliers qui hantent ces riuieres les sçauent charmer, & apres les auoir charmez passent sans danger dans vne petite barque faite de troncs de Palmites: Ie ne puis m'empescher de rapporter icy ce qui m'est arriué vne fois sur le sujet de ces charmes: estât sur le bord de la riuiere, & sur le point de la trauerser, nous descouurîmes vn fort grand Crocodile; toute la teste paroissoit esleuée au dessus de l'eau, il nageoit vers nous; celuy qui me deuoit passer entra dans la riuiere iusqu'aux genoux, & en ayant mis vn à terre, se mit à dire en sa langue quelques paroles, & à faire sept nœuds sur vne petite corde qu'il tenoit entre ses mains, & ayant mis cette petite corde ainsi noüée sur vn buisson qui estoit là tout proche, il nous passa librement de l'autre costé auec nos cheuaux, le Crocodile demeurant cependant sans mouuement à nostre veuë; le marinier nous asseura qu'il ne pouuoit point ouurir sa gueule: aussi-tost qu'il nous eust passez il retourna en diligence peur défaire les nœuds de la corde, adioustant que si ce Crocodile fust mort par la force de son charme, il n'auroit pas peû luy seruir vne autre fois. *Charme du Crocodile.*

Arecan est frontiere au Royaume de Bengale & ne luy cede point en fertilité ny en la douceur de son climat; le Roy de ce Pays est Idolâtre, mais il n'obserue point les mesmes superstitions des autres en son manger: Il se marie ordinairement auec sa propre sœur: Ils disent pour raison que dans le commencement du monde le premier homme & ses enfans en vserent ainsi. Ils traitent bien les étrangers, & permettent aux Mores, aux Perses & aux Arabes, l'exercice de leurs superstitions. Ce Prince a plusieurs fois inuité les Anglois & les Hollandois de s'habituer en son Pays, mais la connoissance qu'ils ont du peu de profit qu'il y a à y faire, les a empesché de receuoir ces offres. Ils ne laissent pas cependant d'entretenir bonne correspondance auec luy & auec ses Sujets, à cause que le Pays estant fort fertile, ils en pourroient au besoin tirer beaucoup de prouisions. Il a continuellemẽt la guerre auec le Mogol par mer & par terre: se tient sur la defensiue du costé du Roy d'Arecan; & traite si bien les étrangers qui seruẽt dans ses troupes, que i'en cõnois quãtité qui s'y sont faits riches. *Arecan.*

Les Terres du Royaume de Pegu confinent auec celles d'Arecan, c'est vn Pays fort fertile & fort temperé, mais il a bien de la peine à se remettre de la peste & de la famine qu'il a souffert depuis peu d'années: Ce qui se voit assez dans la campagne, qui a tousiours plus de peine à se remettre de la desolation qu'apportent ces deux fleaux, que les villes qui se repeuplent les premieres; à quoy n'a pas peu seruy vn ordre qu'ils ont estably, de deffendre sur peine de la vie aux femmes d'en sortir, & de promettre quelque recompense à ceux qui en feroient venir dans le Pays. Le Roy est de la mesme Religion que le Roy d'Arecan, de Tannassari, & de Siam. Il semble qu'ils ayent pris les principes de leur Religion des Chinois; en effet le voisinage de la Chine; la conformité de leur Religion, de leurs manieres de faire, & la ressemblance de leur visage, font croire ce que quelques-vns ont dit deuant nous, que les Chinois ont esté autrefois maistres de tous ces pays, & ont estendu leur domination iusques à l'Isle de Madagascar. Le Roy qui regne maintenant est neveu du dernier mort, & a exclus ses fils de la succession du Royaume. *Description du Royaume de Pegu.*

Il a retiré dans ces derniers temps des mains du Roy de Siam quelques places qu'il auoit cõquises sur son predecesseur, & entre autres le Royaume & la ville de Zangomay; vn de nos Anglois nõmé Samuel se trouua dans cette place lors qu'elle fut prise & fut conduit à Pégu. Ce Royaume estant mieux policé que tous les Estats voisins, les marchãds s'y sont establis. L'on sçeut par le moyen de quelques vns de Masulipa- *Les Anglois enuoyent vers le Roy de Pegu.*

tan que cét Anglois qui s'estoit trouué à Zangomay estoit mort; que le Roy auoit pris ses effects apres s'estre declaré qu'il les rendroit à ceux de la Compagnie des Indes Orientales. Anthonisson qui estoit pour lors nostre Agent à Masulipatan, prit de là occasion de depescher vers ce Prince auec quelques presens & vn peu de marchandises pour faire les frais du voyage, & essayer si l'on pouuoit establir quelque trafic en ce pays. Ses enuoyez s'embarquerent à Masulipatan le 10. Decembre, & arriuerent à Siriam, qui est le Port du Royaume de Pégu le 3. Octobre. Ie rapporteray icy le contenu d'vne lettre qu'ils escriuirent sur le sujet de ce voyage.

„ Le Roy ayant appris nostre arriuée, enuoya quatre galeres auec des presens pour nostre Ambassadeur, & pour le reste de sa troupe, auec asseurance qu'il estoit fort aise de nous auoir en son Païs. Ces Galeres auoient cinquante rames de chaque costé, huict principaux Seigneurs du Païs estoient dessus; ils firent mettre à l'anchre nostre vaisseau deuant la ville de Siriam.

Lettres des Marchãds enuoyées vers le Roi de Pegu.

„ Le 7. Decembre le frere du Roy qui en est le Gouuerneur, nous enuoya deux de ses Gentils-hommes pour apprendre nos noms, nos âges, & le sujet de nostre voyage; nous luy dîmes que nous estions enuoyez de Masulipatan auec des presens, & vne lettre pour le Roy, par laquelle Sa Majesté sçauroit le sujet de nostre arriuée, quand on nous auroit permis de la luy rendre. Le 10. d'Octobre nous debarquâmes, & le frere du Roy nous conduisit dans vne belle maison qui estoit sur le bord de la Mer; ce Prince est bien fait de sa personne, homme de bon sens, le teint assez blanc; il auoit des anneaux d'or à ses oreilles, & diuerses pierreries à ses doigts: il nous fit la mesme demande qu'il nous auoit desia faite par le moyen de ses Gentils-hommes, & nous aussi la mesme réponse que nous fismes alors; nous y adioustâmes vn present, afin qu'il facilitât nostre Audiance.

„ Le 8. Nouembre le Roy nous manda, & le Gouuerneur de Siriam nous fit donner vn batteau auec six rameurs commandez par deux Gentils-hommes, pour nous conduire iusqu'à Pégu; nous fismes vn Present à ces gentils-hommes; car en ce pays il ne se fait rien sans Presens: Nous arriuâmes à Pegu l'11. de Nouembre; on escriuit vne seconde fois nos noms, & on nous offrit le choix d'vne place pour y bastir vne maison à nos frais & despens. La maison ayant esté bastie, nous reçeûmes vn ordre fort exprés de n'en point sortir, ny de parler à personne du Païs que nous n'eussions eu Audiance du Roy: Il nous enuoya des rafraichissemens de peu de valeur à la verité; mais ce qui nous console le plus, est l'asseurance que nous auons que le Roy est fort aise de nostre arriuée. Le 27. Decembre il enuoya querir nostre Present; & on nous donna des cheuaux pour le venir trouuer; on nous fit demeurer à la porte de la ville, pour attendre qu'il sortist. Vous aurez sçeu d'ailleurs comment se passa cette Audiance, & qu'il ne nous parla point du tout de l'affaire pour laquelle nous estions venus, personne de sa Cour ne se vouloit charger d'en faire la premiere ouuerture: Nous enuoyâmes nostre lettre par le moyen d'vn Portugais esclaue du Roy, qui parloit bien la langue du pays, & nous eusmes bien de la peine à luy faire cõprendre le contenu de cette lettre, qui n'estoit point escrite en Portugais. Quelque temps apres nous donnâmes à Bani-bram le Present qui luy estoit destiné, nous en receusmes beaucoup de belles paroles, & rien autre chose. Ce pays est fort different de ce que vous vous l'estes imaginé; car les estrangers qui y arriuent, y sont traittez & retenus comme autant d'esclaues, & ne peuuent sortir sans congé; car il a des gardes par mer & par terre. Pour ce qui est de l'affaire de cét Anglois qui auoit fait quelque fortune dedans le Pays, on luy auoit fait vne banqueroute l'année d'auparauant sa mort, & le Roy s'estoit mis en possession de tous ses effects. On interrogea vn de ses associez nommé Mallajor; pour sçauoir le nom de ceux qui luy deuoient quelque chose; ceux de ses creanciers qui estoient du pays, furent contraints de payer au Roy leurs debtes. Pour les Mores, ils dirent qu'ils payeroient aux Anglois lors qu'ils seroient dans le pays. Nous nous addressâmes à Nichesa pour l'obliger à parler au Roy de nos debtes, il nous fit entẽdre qu'õ nous remettroit tout entre les mains; lors que nos vaisseaux viendroient dans ses Ports, & qu'ils nous donneroient toute la satisfaction que nous pouuions attendre. Il nous escriuit vne autre lettre le 4. de Mars, qui portoit qu'on ne nous laisseroit point sortir du pays que les vaisseaux d'Angleterre n'y fussent arriuez: Nous auons depensé tout nostre argent, & nous sommes dans vn fort miserable estat, sans voir aucun moyen d'en sortir. Le Roy ne nous a rien rendu des effects de Samuel; il ne nous permet point de nous faire payer de ce qui luy est deub: Il ne prend point nos draps, & nous sommes icy comme des brebis esgarées qui courent risque d'estre à toute heure menées à la boucherie: Nous vous prions, & tous ceux de nostre Nation, d'estre touchez de nostre misere, & de considerer le danger où nous sommes de demeurer esclaues d'vn Tyran, dans vn pays d'Idolâtres. Si le Roy nous permettoit de sortir, il nous seroit aisé de nous faire payer de tout ce qu'il a pris à ceux de nostre Nation. Le plomb & l'estain sont assez rares icy; mais si on nous enuoye de l'argent, nous en pourrons acheter plus auant dans le pays. La coste du Pegu est fort seure, & l'entrée du Port fort aisée, & il ne manque pas de gens à Masulipatan qui connoissent fort bien cette coste: Nous vous prions encore vne fois de nous tirer d'icy, en y enuoyant quelque vaisseau.

Ce sont là les propres termes de leur lettre. Mais on a apris depuis qu'ils auoient trouué à bien vendre leurs draps, & que tout l'argent qu'ils en auoient tiré, ils l'auoiét dépensé mal à propos à faire la débauche, & auoient mesmes chargé de plusieurs debtes la Compagnie des Indes, dont ie suis fort fâché. Le Roy en effect rendit vne partie des effects de Samüel, & on ne le fit qu'à l'heure du depart des vaisseaux, comme s'il eût voulu empescher que cela ne fust dissipé comme le reste; ces mauuais ménagers reuinrent à Masulipatan l'an 1619. auec vne lettre du Roy escrite sur vne feuille de Palmite: Cette lettre estoit pleine du desir qu'auoit ce Prince de voir le trafic de ceux de nostre Nation estably dans ses Estats, & auec cela vn present d'vne bague auec vn rubis, de deux nattes, de deux boëtes pleines de Betle, & deux pieces de damas fort estroites, qui pouuoient valoir en tout vingt nobles à la roze. Les Rubis & les Saphirs qu'on apporte de ce Pays, se trouuent dans le Royaume de Aua, qui est sous la domination du Roy de Pegu; Ces pierres sont fort estimées dans toutes les Indes.

Tanassari est vn petit Royaume qui confine à celuy de Pegu; il est Tributaire du Roy de Siam; Tanassary est le nom du seul Port qui soit dans ce Royaume. Nos vaisseaux ont remonté depuis la riuiere de Siam, & ont trouué moyen d'establir vne habitation pour nostre Compagnie, qui y tient à present ses officiers. Vous aurez appris par les Relations les particularitez de ce Pays; il y en a seulement vne que ie ne puis m'empécher de rapporter icy, & qui m'a esté confirmée non seulement par tous ceux de ma Nation, mais aussi par le rapport des Hollandois qui s'accordent tous à dire qu'il y a vne infinité de cochons en ce pays, & qu'ils se multiplient sans qu'il se trouue vn seul verrat ou masle. Le sieur Drifft Hollandois homme fort sage, & qui y a esté long-temps, m'a asseuré que pour en faire l'experience, il auoit mis des cochons de Laict dans son vaisseau, & que six mois apres ils en firent d'autres sans qu'il y eust aucun masle; Voila ce que i'auois à dire des costes du Golphe de Bengale, & ce que i'en ay appris dans le temps du sejour que i'ay fait à Masulipatan.

Tanassary.

Cochõs qui se multiplient sans masles.

IOVRNAL DE PIERRE VVILL. FLORIS.

§. I.

Son voyage à Patane & à Siam.

APRES m'estre engagé auec le Gouuerneur & les Deputez de la Compagnie Angloise des Indes Orientales, ie m'embarquay sur le vaisseau nommé le Globe le 25. de Ianuier 1650. en qualité de Marchand. Le 21. de May 1611. nous arriuâmes à la Baye de Saldaigne. Nous y trouuâmes trois vaisseaux, mais fort peu de rafraîchissemens. C'estoit aussi la saison de l'année la plus fâcheuse, pource que c'est celle des grandes pluyes qui font tout l'hyuer en ce pays là. Le haut des montagnes nous parut aussi couuert de neiges. Cette incommodité ne nous empescha pas de trauailler auec beaucoup d'assiduité pour trouuer la racine d'vne plante nommée Nyngin. Deux des trois vaisseaux dont i'ay parlé y estoient venus pour s'en charger, parce qu'ils auoient appris des habitans du Iappon l'estime que l'on en fait. Il nous fut assez difficile de la découurir, à cause que les premieres feuilles de cette plante ne commençoient encore qu'à pousser, & nous ne l'eussions point connuë, si l'on ne nous eût marqué bien precisément les endroits où elle se trouue. Les mois de Decembre, de Ianuier & de Feurier sont les plus propres pour la leuer, & ceux du pays la nomment Canna.

Racine Ninguin. Voyez l'Hist. naturelle du païs

Apres auoir fait prouision d'eau, & nous estre rafraîchis de quelques moutons que nous y trouuâmes, nous partismes de cette Baye, & y laissâmes la Barque d'Isaac le Maire, qui trafiquoit de peaux auec les Sauuages, & y deuoit demeurer iusqu'au mois de Decembre pour faire de l'huile de Balleine. Le long de la coste nommée Terra de Natal, nous eusmes au mois de Iuin des vents, des tonnerres, & des pluyes extraordinaires; & ce ne fut que par vne grande grace de Dieu que nous nous sauuâmes du danger de nous briser contre cette coste.

Le 1. d'Aoust nous vismes cette partie de l'Isle de Ceilan, qu'on nomme la Punta de Galle. Le 6. nous nous trouuâmes proche de Negapatan : vous remarquerez que les Cartes de nauigation marquent mal la situation de ce Païs-là ; car selon elles nous en debuions estre esloignez de plus de 28. milles. La mesme chose estoit arriuée aux Hollandois, & cette erreur pourroit faire perir des vaisseaux qui en approcheroient de nuict. Nous ne trouuâmes point aussi cette Isle si grande qu'on la fait. Moullineux met la Punta de Galle sous le 4. degré, & elle est sous le 6. Le 7. nous passâmes deuant le Port de Nagapatan. Les Hollandois y ont estably vne Facturerie, mais ils n'y font pas grand' chose. Le 8. nous arriuâmes deuant S. Thomas, & le 9. à Palecatte. Deux batteaux y vindrent à nostre bord: Celuy du Sabander nous apporta vn Chaoul, auec vne permission de descendre à terre. Ie me mis dedans; mais la Mer estoit si agitée, que le batteau se renuersa. Le Sabander vint au deuant de nous, & touché de cõpassion de nostre naufrage, nous fit marquer vn logis. Le 11. Vuersiche President des Hollãdois, qui a la directiõ de

Faute des Cartes de Nauigatiõ.

En Persan, Sabander signifie celuy qui cõmande dans le Port.

toutes leurs affaires sur la coste de Choromandel, me mostra vn Priuilege du Roy de Narsinga, qui portoit que les Hollandois seuls pourroiét trafiquer en ce Pays-là, & vouloit pour cette raison, nous obliger à en sortir. Nous respondismes que nous tenions nostre commission du Roy d'Angleterre. On s'échauffa de part & d'autre. Le Sabander s'entremit de nostre different, & en remit la decision à l'arriuée de la Gouuernante de céte Prouince, qui deuoit arriuer dans trois iours.

Ce Roy se nommoit Vvencapati Raya.

Le dix-septiéme, la Gouuernante Conda-Maa approcha de la coste. Nous voulions l'aller trouuer, lors que l'on nous fit entendre que le iour suiuant elle nous enuoyeroit querir. Nous eûmes quelque soupçon que cét ordre auoit esté donné à la priere des Hollãdois, & nous enuoyasmes chez le Sabander, pour nous en esclaircir. Sa responce fut, qu'il estoit vray que le Roy auoit accordé ce Priuilege aux Hollandois, & que nous serions obligez de nous addresser à luy-mesme pour auoir la permission que nous demandions. Ce voyage ne se pouuoit faire qu'en deux mois de temps, & en le faisant nous nous hazardions à perdre le Mousson propre pour aller à Pantan, ourte que les Hollandois qui estoient resolus de trauerser nostre dessein, tenoient vn Elephant tout prest pour depescher de leurs gens à la Cour de ce Prince. Cela nous fit resoudre de continuer nostre voyage.

Il y a peu d'ordre en quelques endroits de ce Iournal, mais on n'a pas crû deuoir laisser au Traducteur la liberté d'y rien chãger.

Le 20. nous arriuasmes deuant Petapoli : Le Gouuerneur nous permit d'y prendre terre ; & apres estre demeurez d'accord de luy payer trois pour cent de nos marchandises, nous mismes à terre. On y laissa deux de nos gens, & vn nommé Lucas, pour auoir le soin des marchandises, & ayant mis à la voile, nous allâmes moüiller l'ancre à la rade de Masulipatan, qui est bonne pour toute sorte de vaisseaux. Nous y arriuâmes le dernier iour du mois d'Aoust : on nous permit aussi de mettre pied à terre, ce que nous fismes ; & pour estre mieux receus, nous fismes vn present à Mirsumela, qui tient les plus grandes terres de ce Pays. Nous demeurâmes plusieurs mois en ce lieu-là. Le 20. de Ianuier 1612. Cotobara Roy de Badaya, ou Lollongana & de Masulipatan, mourut sans enfans. Il y auoit sujet d'apprehender de grands desordres dans cet estat ; mais la sagesse de Mir Masunin les preuint, & fit eslire Mahumed Vnim Cotobara neveu du Roy deffunct, jeune Prince de grande esperance. Son oncle en mourant auoit laissé le gouuernement de son Estat entre les mains des Persans & de Mir Sumela, ausquels celuy-cy a toûjours esté fort contraire.

Le Gouuerneur traitta auec moy de fort mauuaise foy. Nous estions demeurez d'accord que ie luy donnerois 4000. Pagodes, c'estoit enuiron 4. pour cent de nos marchandises, & il en vouloit tirer douze pour cent, disant pour ses raisons, qu'il estoit vn Mir, de la race de Mahomet, & que ce qu'il disoit deuoit plustost estre crû, que la parole d'vn Chrestien. Pour moy ne voyant point d'autre moyen de tirer raison de ce Barbare, i'estois sur le poinct de la chercher par la force, lors que quelques Mores du Pays s'entremirent de nous accommoder. Apres auoir fait nos affaires à Petapoli nous partismes pour Bantan, par vn vent qui estoit fort propre pour cette Nauigation. Nous y arriuasmes le 28. d'Auril 1612. nous trouuâmes que les Hollandois estoient sur le poinct de quitter le Pays, & de s'aller establir à Iaccatra, à cause des auanies que leur faisoit tous les iours le Gouuerneur. Apres quelque contestation que nous eûmes auec luy, nous demeurâmes d'accord à raison de 3. pour cent. On establit vne Factorie à Suckadania ; mais les marchands que nous y laissâmes pour traitter auec ceux du Pays eurent plus de soin de leur interest particulier, que de ceux de la Compagnie.

Suckadania dans l'Isle de Borneo.

Le 1. de Iuin nous partismes de Bantan, & le 22. du mesme mois nous arriuâmes à la rade de Patane, où nous trouuasmes vn vaisseau d'Enchuyse, qui nous informa des façons de faire du Païs. Le vingt-sixiéme nous descendismes à terre : nostre Present qui pouuoit valoir six cens pieces de huict, fut receu à la maniere du Païs. La lettre fut mise dans vn bassin d'or porté sur vn Elephant en grande pompe au son d'vne musique d'instrumens, & precedé d'autres gens qui portoient deuant des lances & des Estendarts.

La Cour de la Reine nous parut magnifique : nostre lettre fut leuë, & on nous accorda la liberté du commerce aux mesmes conditions qu'on l'auoit accordée aux Hollandois. Nous partismes de la Cour sans auoir veu la Reine, & l'on nous mena chez vn Officier, dont la Charge est de receuoir les Estrangers : on nous y fit vn festin où l'on seruit beaucoup de fruits ; nous fusmes aussi traittez chez vn autre Officier nommé Orancaya Sirnona, & le iour d'apres la Reine nous enuoya des fruits qu'elle fit porter iusqu'à nostre vaisseau. La Cour de la Reyne de Patane.

Le 3. Iuillet vne Pinasse Hollandoise nommée le Levrier partit de ce port pour aller au Iapon ; nous donnasmes au Quartier-Maistre de cette Pinasse vne lettre pour Maistre Adam. Cette occasion se rencontra fort heureusement pour luy escrire ; car les Iaponnois sont en guerre auec ceux de ce païs, & ont bruslé deux fois la ville de Pantam depuis 5. ou 6. ans.

Nous eusmes bien de la peine à obtenir la permission de bastir en ce lieu-là vn Magazin qui ne fust point sujet au feu ; enfin l'on nous accorda vne place de 30. brasses en longueur sur 20. de largeur ; nous y bastismes vne maison qui auoit 8. brasses de face sur 4. de profondeur : Ils nous firent des demandes excessiues ; & nous fusmes obligez de leur donner pour cette permission & pour autres droits, quatre mille pieces de cinquante huict sols. La maladie se mit dans nostre equipage. Le Capitaine Hippon en mourut le 9. Iuillet. L'on ouurit dans le vaisseau la boëte marquée du numero 1. Mr Brun y estoit nommé pour son successeur ; mais comme il estoit mort auparauant, on ouurit la boëte numero 2. dans laquelle Thomas Essinston estoit nommé pour luy succeder. Peu de temps apres pour surcroît de mauuaise fortune nous fusmes volez : on prît 280. pieces de huict dans mon coffre, quoy qu'il y eust vne lampe allumée, & quinze personnes dans la maison ; ce qui me fit croire que quelqu'vn de nos gens pouuoit bien auoir fait le coup ; car vn grand dogue que nous auions ne fit aucun bruit. On me laissa là auec six autres pour auoir soin des marchandises de la Compagnie. Le vaisseau partit le 1. d'Aoust pour aller à Siam : Il eust esté à propos d'auertir ceux de nos gens qui estoient à Siam du peu de debit qui se trouuoit de nos draps, mais ie ne trouuois point d'occasion de le pouuoir faire par Mer : & par terre, il falloit enuoyer quatre ou cinq personnes ensemble, à cause du danger des tigres, & de l'incommodité de plusieurs riuieres qu'il faut passer, outre qu'ils me demandoient des sommes si excessiues pour faire ce voyage, que ie creûs qu'il estoit à propos d'attendre quelque meilleure occasion. Maniere des Anglois pour nômer ceux qui se doiuët succeder dans le commandement des vaisseaux.

Au mois de Septembre le Roy de Ior attaqua le Fauxbourg de Pahan, brûlant tout ce qu'il rencontroit deuant luy. Campon-sina esprouua la mesme fortune, ce qui causa vne grande cherté dans Pahan. Les Portugais auoient auparauant fourny Malaca des marchandises. Les Hollandois en firent de mesme à Bantam & aux Molucques ; & y auoient porté toute la quantité de draps qui s'y consument ordinairement ; si bien qu'estant venu le dernier, ie n'y trouuay aucun debit. Cela me fit resoudre à faire venir vne cargaison pour Macassar, & i'en donnay la conduite à Iean Persons, qui partit le 8. d'Octobre sur vn jonck d'Ampan. Le 9. i'eus nouuelles de Mr Essinston & de son collegue, qui me donnoient aduis du peu d'apparence qu'il y auoit de vendre leurs marchandises, à cause des guerres de ceux de Campoja, Ianiam, de Zangonay contre le Royaume de Siam. Pahan.

Le 25. il partit d'icy des Ionckes pour Bornéo, Iambi, Iaua, & autres places. Ie ne sçaurois m'imaginer quelle politique oblige les Hollandois à fauoriser le trafic des Chinois, des Mores, & des autres Indiens, cependant qu'ils le deffendent à ceux mesmes de leur Nation sur peine de la vie & de la perte de leurs biens, ce qui ne peut estre que l'effect d'vne grande enuie.

Le 11. Nouembre le Globe reuint de Siam, apres auoir esté huict iours en chemin. Nos gens estoient arriuez à la rade de Siam dés le 15. d'Aoust. Ils y auoient moüillé l'anchre à trois brasses de haute marée; mais le iour suiuant l'eau ayant baissé 13. heures durant, ils ne treuuerent plus que sept pieds d'eau, & vn fonds de vaze, qui par cette raison ne leur faisoit point de peur. Ils leuerent l'anchre, & la moüillerent apres à 4. lieuës de la Barre, où ils trouuerent trois brasses d'eau de basse marée. La ville de Siam est à 30. lieuës de l'emboucheure de la riuiere. Le Sabander & le Gouuerneur de Mancok, place scituée sur le bord de cette riuiere, vinrent pour receuoir les lettres du Roy, ou plustost pour receuoir les presens qui luy estoient destinez, & Essinston s'en alla auec eux. Il eust audiance du Roy le 7. Septembre; il fut regalé auec ses camarades chacun d'vne petite boëte d'or, & vne piece de drap. Les Mandorins trauersoient sous main la liberté du trafic que le Roy nous auoit accordée, & vouloient mettre des impositions à leur caprice sur nos marchandises, & les payer de mesme. Il falut s'en plaindre au Roy, qui leur deffendit de s'en ingerer dauantage; auec tout cela le commerce est encore moins libre dans ce Royaume là que dans le reste des Indes. Nos gens bastirent vne maison de briques prés de celle des Hollandois, nous estions alors en la saison des pluïes, & tout le Païs estoit couuert d'eau.

Sabander signifie l'Amiral ou maistre des Ports.

Le 26. d'Octobre il s'éleua vne si furieuse tempeste, qu'il n'y a point de memoire dans ce païs-là d'y en auoir veu vne semblable. Elle arracha les arbres les plus forts, & abbatit le Monument que le Roy auoit dressé à la memoire de son pere. Nostre vaisseau eust peine à se sauuer. Nos gens auoient desia perdu deux anchres, dont les cables s'estoient rompus, & n'estoiét plus qu'à vn mille de la coste, lors qu'ils en jetterent vne troisiéme qui tint & arresta le vaisseau; six des nostres furent noyez. La tempeste dura quatre ou cinq heures, & incontinét apres la Mer parut aussi vnie & aussi trãquile, que si elle n'eust iamais esté du tout agitée. Cette place est la troisiéme en rang pour le trafic des Indes, on la met immediatement apres Bantam & Pantan, & est presque également distante de l'vne & de l'autre.

Bantam, Patan & Siam, trois villes de grand commerce en ces quartiers.

§. II.

Relation des Euenemens estranges du Royaume de Pegu, de Siam, d'Ioor, de Pantan, & autres Pays voisins.

LE Royaume de Siam est fort ancien, & a esté tres-puissant auant qu'il fut Tributaire de celuy de Pegu. Mais cette seruitude ne dura pas long-temps; car le Roy de Siam estant mort, & ses deux fils ayans esté menez prisonniers à la Cour du Roy de Pegu, ils se sauuerent de leur prison; & l'aîné ayant trouué moyen de retourner à Siam, s'y fit reconnoître pour Roy. Le Roy de Pegu luy fit la guerre, & enuoya vne armée à Siam sous le commandement de son propre fils. Ce jeune Prince fut tué, & sa mort cousta la vie à quantité de ses Sujets; car le Roy son pere fit mourir les principaux Officiers, & les meilleurs soldats de son armée. Cette cruauté hors de temps fit reuolter plusieurs Princes qui luy estoient Tributaires, & donna le courage au nouueau Roy de Siam de luy faire la guerre. Il attaqua la ville capitale de son Estat qui se nomme d'Onxa, ou Pegu, où il s'estoit retiré. Il fut deux mois deuant, apres lesquels il leua le siege, & s'en retourna à Siam. Peu de temps apres le Roy de Pegu se rendit luy-mesme auec tout son tresor entre les mains du Roy de Tangu; la famine & la mortalité qui auoient desolé ses Estats l'ayant obligé à prendre cette resolution, & à preuenir par là l'inuasion du Roy d'Arecan, qui estoit sur le poinct d'y entrer auec vne puissante armée. Le Roy d'Arecan se rendit aisément Maistre de tout le Pays, qu'il trouua presque desert. Sa pensée estoit de passer delà dans les Estats du Roy de Tangu, mais celuy-cy luy enuoya des Ambassadeurs, & luy offrit vne partie des tresors du Roy de Pegu, & sur tout son Elephant blanc &

L'aisné se nõmoit en langue Malaïque Raia api, les Portugais l'appelloient le Roy noir.

ſa fille. Il adjouſta à ces offres celle de luy mettre entre les mains la perſonne du Roy de Pegu, ou de le tuer, ce que ce barbare fit quelque temps apres, luy ayant caſſé la teſte auec le pilon d'vn mortier, dont on a accouſtumé dans ce pays-là de broyer le Rys. Tel fut la fin de ce grand Empire, duquel il ne reſte preſque plus de memoire meſme ſur les lieux. Le Roy d'Arecan donna la ville & la forteresse de Seriam en depoſt aux Portugais, Philipo de Britto y mit garniſon. Ce Prince donna à ce Portugais le nom de Xenga, c'eſt à dire Galant homme : Le Portugais merita bien ce titre ; car 2. ou 3. ans apres il prit le fils de ce Roy priſonnier, & luy fit payer vne rançon d'onze mille Tangans, & de dix Galeres chargées de Rys. Le Roy de Siam ſe fortifia par la deſtruction du Royaume de Pegu, & a depuis conquis les Royaumes de Cambaya, Lauiangh, Zagomay, Lugor, Patane, Theneſerim, & diuers autres.

J'ay veu l'Elephant & cette Princeſſe dans Arecã, l'année 1608.

Ce Conquerant que les Portugais appelloiēt le Roy noir de Siam, mourut l'an 1605. & laiſſa sō Royaume à ſon Frere qu'ils appelloient le Roy blanc: C'eſtoit vn Prince qui n'auoit d'autres penſées que de joüir en paix de la Royauté : il mourut l'an 1610. & laiſſa plusieurs enfans. C'eſt par là que vinrent les troubles de cét Eſtat ; car ce Roy eſtant au lict de la mort fit mourir l'aiſné de ſes fils, qui eſtoit vn Prince de grande eſperance : Il fit faire ce meurtre à la ſollicitation & par le conſeil d'vn Seigneur du Pays, lequel ſe trouuant fort puiſſant & fort riche en Eſclaues, s'eſtoit mis en teſte de ſe faire Roy. Le Roy d'aujourd'huy eſt le ſecond fils du Roy blanc : il fit mourir peu de temps apres ce Traiſtre : il auoit entre ſes eſclaues 280. Iaponnois qui coururent au Palais, ſur le bruit de ſa mort ; & reſolus d'en tirer la vengeance, ils ſe rendirent maiſtres des portes du Palais & de la perſonne du Roy, & l'obligerent de leur promettre de faire mourir quatre des principaux Seigneurs de ſa Cour, de ſigner de ſon ſang la promeſſe qu'il leur en fit ; & non contens de ſa ſignature, ils voulurent auoir en leur puiſſance quelques-vns de ſes principaux Palapos ou Preſtres pour oſtages, & pour aſſeurance de l'execution de ſa parole. Ces Eſclaues ſatisfaits de leur vangeance, & chargez du butin, retournerent chez eux, laiſſant par tout des marques de leur cruauté, ſans que ceux du Pays ozaſſent ſe preſenter deuant eux. Cette marque de foibleſſe, fit reuolter le Royaume de Cambaya & de Lauiangh. Il y eût meſme vn Peguan nommé Banga-de-laa, qui fit vn party dans cét Eſtat. Le Roy de Lauiangh entra auſſi l'année ſuiuante dans le Royaume de Siam, eſperant le trouuer en deſordre à cauſe de la reuolte des Iaponnois ; mais ils auoient deſia quitté le Pays ; & le Roy de Siam s'eſtant mis en campagne, celuy de Lauiangh n'oſa l'attendre, & ſe retira. On dit que les Princes voiſins ont fait vne ligue, & qu'ils doiuent entrer dans ſon Pays auec vne grande Armée. Ce qui ne leur reüſſira pas apparemment, ſi ce n'eſt qu'ils y ayent quelque intelligence.

Nommé Iockõvvay.

Nous reſolûmes que noſtre vaiſſeau paſſeroit l'hyuer à Patane : Le 31. Decembre la Reine ſortit de ſon Palais pour ſe diuertir, accompagnée de ſix cens petites barques ; elle vint premierement à Sabrangh où nous allaſmes luy faire la reuerence, & nous euſmes l'honneur de luy parler conjointement auec les Hollandois. Elle peut bien auoir ſoixante ans ; mais cét âge ne luy oſte ny la grace ny la majeſté : ie n'ay point veu de Prince dans les Indes qui ait vn ſi bon air : elle auoit auec elle vne de ſes ſœurs qui paroiſt auoir quarante-cinq ans : c'eſt la preſumptiue heritiere de la Couronne, & ceux du Pays l'appelle la jeune Reine. Ie vis auſſi auec elle vne petite Princeſſe qui eſt fille de la plus jeune de ſes ſœurs, qui auoit eſté mariée auec Raïa Siack fils du Roy de Lahor.

Apres quelques diſcours, la Reyne laiſſa tomber le rideau de ſon Troſne, nous faiſant entendre par là que nous nous pouuions retirer. Elle nous fit dire que le lendemain elle nous donneroit encore audiance ; nous y fuſmes, & elle nous receut parfaitement bien. D'abord 12. filles & 12. garçons commencerent vne danſe qui nous parut fort bien concertée, la Reine commanda à tous ſes Courtisans de danser, ou au moins d'en faire le semblant; ce qui donna à toute la Cour vn grand sujet de rire.

Les Hollandois furent obligez de faire la mesme chose & nous aussi. La Reine prit plaisir à nostre danse: il y auoit 7. ans qu'elle n'estoit sortie de son Palais: Cette fois elle sortit pour se trouuer à la chasse des Taureaux & des Buffles sauuages, qui s'y trouuent en grand nombre. Comme elle passoit auec son train entre nostre maison & nostre vaisseau, nous la saluasmes de l'artillerie du vaisseau, & les mousquetaires qui estoient à terre firent la mesme chose.

Durant les mois de Nouembre & de Decembre les pluyes furent si frequentes, & l'inondation si generale qu'on ne se souuenoit point d'en auoir veu de pareille: plusieurs maisons furent emportées, beaucoup de troupeaux de bestes noyez, & le Pays en fut presque tout desolé. Le 25. de Ianuier nous eusmes nouuelles que le marchand que nous auions laissé à Siam auoit vendu la moitié de sa marchandise, que le Roy en auoit acheté vne grande partie: nous eusmes aussi nouuelles de Keda que les Portugais auoient pris la maison que les Hollandois ont à Paleacate; qu'ils estoient venus au nombre de 1500. hommes du costé de la ville de S. Thomas; qu'ils auoient fait passer au fil de l'espée tous ceux qui leur auoient resisté, & s'estoient rendus maistres de toutes leurs marchandises. I'enuoyay au mois de Mars vn vaisseau à Siam auec des nouuelles marchandises.

Le Roy de Pahan auoit épousé la plus ieune des sœurs de la Reine de Patan: Il y auoit vingt-huit ans que ces deux sœurs ne s'estoient point veuës. La Reyne de Patan auoit fait prier le Roy de Pahan son mary, de luy permettre de faire vn voïage à Patan pour la voir; mais comme elle vid que ce Prince n'y vouloit point consentir, elle fit arrester tous les vaisseaux de Siam, de Cambaya, Bordelongh, Lugor, & d'autres places qui estoient chargez de Rys pour Pahan; & enuoya vne armée de 70. voiles, sur laquelle il y auoit 4000. hommes, auec ordre aux Generaux de luy amener cette Princesse par amitié ou par force. Mais les reuolutions qui arriuerent dans les Estats de ce Prince, come vous verrez cy-apres, l'obligerent à y venir de luy-mesme.

Il arriua le dix-septiéme diuers vaisseaux de Cambaya & de la Chine au mois d'Auril de l'année mil six cens treize, ie receus des lettres de Siam au mois de May, i'appris que nostre vaisseau estoit arriué, & que nos gens trauailloient à faire vne cargaison pour le Iapon où ils deuoient enuoyer des marchandises à la Chine, i'empruntay trois mil écus de la Reine à interest de six pour cent par mois, & d'vn pour cent que ie deuois donner à son Tresorier. On m'escriuit de Bantam que le Magasin des Hollandois & le nostre y auoient esté bruslez, & que les deux Nations y auoient fait vne grande perte. Le 12. Iuillet le Roy de Pahan arriua icy auec sa femme sœur de la Reine & deux petits enfans, il auoit quitté son païs desolé par la famine, par le feu, & par la reuolte de quelques-vns de ses Sujets: il apporta nouuelle que ceux d'Achen auoient pris Ior, & qu'ils en auoient emporté l'artillerie, les esclaues, & tout ce qu'ils auoient trouué de meilleur. Que le Roy mesme s'estoit sauué à Bantam où l'on l'auoit tenu assiegé l'espace de 29. iours, & que quelques Hollandois qui s'estoient sauuez dans Ior y auoient perdu la vie & la liberté: pas vn des grands de la Cour de la Reine ne rendit visite au pauure Roy de Pahan, & la seule chose que l'on fit pour luy fut de tuer tous les chiens à cause qu'il ne les pouuoit souffrir. Il receut fort bien l'honneur que nous luy fismes en le saluant de nostre Mousqueterie lors qu'il passa deuant nostre habitation; & nous tesmoigna vn grand desir que nous vinssions trafiquer dans ses ports. Le [illegible] de Iuillet nous eusmes nouuelles de la mort de Henry Middleton; L'on creut qu'il estoit mort de douleur d'auoir veu son vaisseau eschoüé, & presque tout son equipage, malade d'vne maladie inconnuë, qui auoit fait mourir cent Anglois, & encor plus grand nombre de Chinois qu'on auoit loüez pour seruir dans le vaisseau; que le Capitaine Schot auoit pris le Chasteau & l'Isle de Solor, où il auoit trouué beaucoup de bois de Sanda. Le 31. de Iuillet le Roy de Pahan nous vint voir accompagné d'vne grande suite, & nous promit toute sorte de bons traittemens en son Pays.

Le 1. d'Aoust la Reine nous fit venir en son Palais, où l'on deuoit faire vne grande feste à cause de la venuë du Roy de Pahan : des femmes y representerent vne Comedie à la maniere de celles de Iaua, que nous vismes auec beaucoup de plaisir : Le 9. le Roy de Pahan partit apres auoir seruy de joüet à ceux de la Cour de Patan, sa femme qui estoit sœur de la Reine, ne le voulut point abandonner. Elle retourna auec luy ; & au lieu de remporter de grands presens de cette Cour, elle y despensa presque tout ce qu'elle auoit de bien. Le 16. l'on m'escriuit de Maccassar, que le Facteur que i'y auois laissé estoit deuenu fol.

Les Dames qui composent la Cour de cette Reine, ne peuuent pas se marier sans sa permission, mais elle leur laisse la liberté de choisir vn galland.

Comedie representée aux Indes.

Le 18. de Septembre vn marchand qui estoit party le 25. d'Octobre, apporta icy beaucoup de noix muscades : il auoit esté à Maccassar & à Banda ; i'appris par le moyen d'vne lettre qu'il me rendit, l'estat de nos affaires de Banda ; que le General Pierre de Both auoit fait pendre quelques-vns de ses soldats, pour obliger les autres à garder mieux la discipline Militaire ; mais qu'apres vn traittement si rude plusieurs de ses gens s'estoient retirez à Banda, & s'y estoient faits Mahometans, & qu'il n'y auoit point d'apparence de les pouuoir retirer de leurs mains. Le Chasteau rend à la verité les Hollandois maistres de la Mer ; mais ils ne sont point en estat de rien entreprendre du costé de la Terre. Le 23. le vaisseau nommé le Globe arriua de Siam : le Facteur que nous auons en cette Place-là m'escriuit qu'il n'auoit point de nouuelles de la cargaison qu'il auoit enuoyée à Zagomé, les guerres d'entre ceux d'Aua & de Laniangh ayans bouché les Passages : le bruit courut que le Roy d'Haua auoit pris Siriam, & auoit fait mourir le Xenga Capitaine des Portugais. Le Roy de Siam l'attend auec de grandes forces, & tient sa frontiere bien garnie : ie païay à la Reine l'argent que i'auois emprunté d'elle.

Il ne dit point le sujet d'vn changement si subit dans l'esprit de la Reyne.

Le 4. Octobre, qui est le 1. iour du jeusne des Mahometans, le feu prit sur les 8. heures du matin dans le Fort de Pattane : il y auoit là deux des principaux Seigneurs du Pays qui demeuroient l'vn prés de l'autre, & qui estoient les plus riches en Esclaues de Iaua, l'vn d'eux nommé Dato-Bezar fut menacé par ses Esclaues qu'ils le tuëroient, auec quelques autres : il fit venir ses Esclaues ; & apres auoir esté examinez, & auoir soustenu qu'ils n'estoient point coupables, leur Maistre ne laissa pas de faire mettre aux fers deux des plus suspects. Le Pongola ou l'Officier qui commandoit ces Esclaues le voulut empescher. Bezar le poignarda : Les Esclaues enragez de cette action se jetterent sur leur Maistre, qui fut sauué de leurs mains par d'autres Esclaues qu'il auoit outre ceux-cy : ils sortirent de la maison de ce Seigneur, tuërent tout ce qu'ils rencontrerent sur le chemin, & mirent le feu par tout. Les Esclaues de l'autre Seigneur nommé Datolaxmanna, se joignirent à ceux-cy, nonobstant les menaces & les defenses de leur Maistre : ils pouuoient estre en tout cent personnes ; ils coururent à la porte nommée Punta-Gorbing, mettant le feu à toutes les maisons qui estoient des deux costez de la ruë, tellement que toute la ville brusla, à l'exception du Palais de la Reine, d'vne Mosquée & de deux autres Palais : ils prenoient par les ruës les femmes & les emmenoient auec eux & les retinrent iusqu'à vne heure apres midy, personne n'osant les approcher ; nous estions cependant dans vne grande inquietude en nostre quartier, car les Esclaues menaçoient d'attaquer nostre maison & celle des Hollandois : nous fismes pour cette raison bonne garde, & enuoyasmes querir les soldats de nostre vaisseau, auec lesquels nous marchasmes pour rencontrer ces enragez. Ils en furent aduertis, & sans nous attendre, sortirent de la ville & gagnerent la Campagne ; ainsi nous eusmes à bon marché la gloire d'auoir defendu ceux du Pays de l'insulte de ces Esclaues. Ce tumulte appaisé on donna la chasse à ces fugitifs ; mais iusqu'à cette heure on n'en a pris que 3. ou 4. C'est pour la troisiéme fois que Patan a esté bruslée. Les deux premieres par les Iaponnois, & cette troisiéme par ceux de Iaua.

Le 21. nous prismes congé de la Reine : Elle fit present à Essingthon d'vn cris ou poignard d'or. Le mesme iour il arriua vn de nos vaisseaux de Ior: ils nous dirent qu'vne partie de leurs gens estāt entrez dās la ville de Ior, elle fût en mesme tēps inuestie par le Roy d'Achen: ils écriuirēt à ceux qui estoiēt restez dās le Vaisseau, de leur enuoyer 25. ou 30. hommes par terre, & d'auancer auec le vaisseau le plus auant qu'ils pourroient dans la riuiere; mais les rochers qui y sont, leur osterent le moyen de les assister. Ainsi la ville fut renduë par composition apres vn siege de 29. iours. Vingt-trois Hollandois demeurerent prisonniers, tous les autres gagnerent le vaisseau, où il ne se trouua personne pour le commander que le Camarade du Maistre & vn assistant: ils se resolurent de venir à Patane, mais la tempeste les jetta vers l'Isle de Borneo sur vn fond de Corail. De là ils furent à Pulocandor, & n'ayant plus d'esperance de gagner Patane, ils chercherent des rafraîchissemens aux Varellas: ils trouuerent vne bonne Baye, mais vne mauuaise cuisine; car ceux du Pays sont leurs ennemis, tellement qu'estans venus long-temps apres à Patane, ils n'auoient plus que 58. hommes, encore estoient-ils tous malades: ils auoient septante mille pieces de 8. & 29. Balots d'estoffes des Indes.

---

§. III.

Voyage à Masulipatan; ce qui s'y passa dans le temps de leur sejour, & leur retour.

Ces Isles sōt sous le sixiéme degré de latitude.

LE 25. nous nous trouuâmes vers la pointe Meridiane des Isles de Ridang; elles sont dix-neuf ou vingt en nombre. Le soir du mesme iour, nous vîmes les Isles de Capa; ce sont trois petites Isles éloignées de trente-deux lieuës de celles que nous venons de dire, & de 2. lieuës de la terre ferme. Le 29. nous vinsmes par vn calme à Pulotyaman; si vous vous trouuez iamais en cette route à dix-huit brasses d'eau, vous n'áuez rien à craindre que vous ne puissiez découurir de la veuë. Le premier de Nouembre, nous vîmes la pointe de Ior, & la mōtagne de l'Isle de Bintan. Le iour suiuāt au matin, nous vîmes Petra Blanca; & sur les dix-heures nous nous trouuâmes dans ce fascheux courant de l'eau, qui tōbe de la pointe de Ior jusqu'à quatre lieuës dans la mer. L'Inschoot décrit fort bien cette coste, & ce ne fut pas sans danger que nous la passasmes, courant à l'Oüest Sud-Oüest de ces trois petites Isles; il est bon de prendre du costé de la mer, jusqu'à ce qu'elles soiēt couuertes de la pointe de Ior, & que Petra Blanca ne couure plus l'Isle de Bintan. Petra Blanca est vn rocher où il y a vn nombre infiny d'oyseaux, il est couuert de leur ordure; si bien que de loin, le sommet en paroist tout blanc. Nous employâmes jusqu'au dix-septiéme pour passer la riuiere de Ior, & nous arriuâmes à deux lieuës de Sincapoura. Le 8. diuers petits Vaisseaux vinrent à nostre bord. Ils estoient Sujets du Roy de Ior. On nomme ces Peuples Salettes. Ils passent leur vie dans les Vaisseaux, où ils ont leurs femmes & leurs enfans, & viuent de la Pesche. Nous apprîmes d'eux que le Roy d'Achen auoit r'enuoyé le frere du Roy d'Ior. Il luy auoit donné trente-six Vaisseaux pour l'accompagner, & deux milles de ses Sujets pour rebâtir le Fort de la ville de Ior, auec beaucoup de pieces d'Artillerie & autres munitions. Ils adjoûterent qu'ils luy auoient donné sa sœur en mariage, & qu'on l'alloit instaler en la place de son frere qui commandoit dans le Pays. Nous prîmes là vn Pilote pour nous seruir de guide au trauers des détroits.

Petra Blāca.

Le 19. Decembre, nous arriuâmes à Masulipatan; nous y trouuâmes trois Vaisseaux, deux Anglois & vn Hollandois. Le 21. ie descendis à terre, & y trouuay le Sabander & d'autres Mahometans qui me reçeurent fort bien. Ils me firent beaucoup de complimens, & me donnerent vn Cheual. Ils en donnerent aussi vn au Directeur Vvaerner, ie fus obligé de l'accepter, quoy que j'en eusse

peu

peu d'enuie, & que j'eusse sujet d'apprehender quelque trahison de ces gens-là. I'en tiray vn Chaoul, ou permission de vendre nos marchandises, en payant quatre pour cent.

Le 25. de Ianuier, le Vaisseau Anglois nommé le Iacques, partit pour aller à Petapoly. Le 18. de Feurier, ie fus à Narsapur-Peta. Le 19. j'entray auec le Vaisseau dans la riuiere, il prenoit plus de neuf pieds d'eau; & ayant jetté la sonde, nous en trouuâmes dix pieds & demy; ce qui estoit fort contraire à ce que nous auoient dit des gens qui ne nous veulent point de bien. Le 23. j'arriuay à Masulipatan, & j'enuoyay vn pieton à Suratte. Ce iour, Corneille Franc y arriua sur vne petite barque de Pegu; il me dit que le Roy d'Aua auoit pris le Fort de Siriam, qu'il auoit fait passer au fil de l'épée tous les Portugais, & entre-autres leur Capitaine Philippo de Britto; que la chose s'estoit passée au mois de Mars, & que l'on auoit donné ordre pour faire rebastir l'ancienne Ville, auec force belles promesses & priuileges pour ceux qui s'y habituëroient. Les Mores qui sont à Masulipatan furent forts réjouys de cette nouuelle, esperant de remettre le Commerce qu'ils auoient autrefois auec ceux de Pegu, & d'y enuoyer deux Vaisseaux au mois de Septembre. Au mois de Mars, j'eus nouuelle de l'arriuée de onze Vaisseaux de Loor, de huit de la Chine, & de trois de Malacca; ce qui fit fort baisser de prix des marchandises, & bien m'en prit d'auoir vendu les miennes quelque temps auparauant.

Le 18. de May sur les cinq heures du soir, le Capitaine Heseingthon mourut de mort subite. Il auoit disné auec nous; il auoit sur le corps quelques pustules assez communes dans ce Pays, & principalement dans cette saison de l'année, entre-autres vne fort grande sur l'épaule qui ne suppuroit point; ce que ceux du Pays croioyent auoir esté la cause de sa mort. I'allay sur son Vaisseau pour y mettre le meilleur ordre qu'il estoit possible. L'équipage ne voulut point reconnoistre d'autre Cõmandeur que moy; mais il me sembla qu'il y alloit trop de mõ hõneur de prendre la place de Heseingthon, dont la charge estoit subordonnée à la mienne; si bien que ie commis vn autre en ma place, & m'en retournay à Masulipatan. I'y trouuay à mon retour trois personnes qui me dirent auoir esté enuoyées de la part de la Reyne de Palecate, pour m'asseurer que si ie voulois venir dans ses Estats, elle me donneroit vne habitation vis-à-vis du Fort de Palecate, auec tous les auantages & tous les priuileges que ie pourrois desirer: mais faisant reflexion sur la maniere dont j'y auois esté traité, aussi bien que le Vaisseau nommé le Iacques, j'adjoûtois peu de foy aux paroles de ces gens-là; neãtmoins, il fut resolu que ie retiendrois auprés de moy vn de ces Enuoyez, & que ie renuoyerois les deux autres auec des Lettres; où apres auoir representé à la Reyne le mauuais traitement que j'auois receu dans son Pays, ie luy disois que si elle vouloit que j'y retournasse, elle trouuât bon de me faire tenir vn passe-port pour mon asseurance. Le 29. de Iuillet, arriuerent icy quatre personnes qui se disoient enuoyées de la part du Roy de Narsinghe, autrement Velur; ils me presenterent en son nom vn passe-port, auec vn abestiam, qui est vn drap blanc sur lequel son nom estoit imprimé en couleur de sandal ou de saffran. Ils m'en apporterent aussi vn autre de la Reyne de Palecate. La Lettre du Roy estoit grauée sur vne placque d'or; il s'excusoit par cette Lettre du mauuais traitement qu'on auoit fait à nos gens à Palecate, & promettoit de le reparer par les graces & les priuileges qu'il accorderoit aux Anglois qui y demeureroient à l'auenir, leur permettant d'y bastir vne maison ou chasteau, & finissoit, en me promettant le reuenu d'vne de ses Villes, qui montoit bien à quatre ou cinq mil liures de rente.

En quelques endroits l'Original porte Paleacate, & aux autres Palecate, ce qu'õ a [illegible] rué dans la traduction.

Au mois d'Aoust, il y eût vn grand deluge aux enuirons de Narsapur-Peta, l'eau courut tout le pays à la hauteur de cinq pieds. Le torrent qui passe à Golcõda, emporta plusieurs maisons. Les deux Ponts de pierre, l'vn de quinze Arches, & l'autre de dix-neuf, qui sont aussi bien bastis qu'il y en ait dans l'Europe, furent couuerts d'eau à la hauteur de trois pieds ; six Arcades de ce dernier Pont furent emportées : ce Pont ne cede point en beauté à celuy de Rochester.

Le vingt-cinquiéme, nous eûmes nouuelles de la mort de Vvencatadrapa Roy de Velur, arriuée le cinquantiéme an de son Regne : trois de ses femmes, dont la Reyne Obiama estoit vne, se brûlerent sur son corps.

Ie connus en ce temps-là la mauuaise foy du Gouuerneur, qui me remettoit toûjours pour le payement de nos debtes ; & comme ces remises me pouuoient faire perdre le temps de retourner cette année-là, ie resolus de l'enleuer, ou son fils, & de le mettre dans mon Vaisseau. L'entreprise à la verité estoit hardie ; mais tous ceux de ma troupe me promirent de m'y seruir au peril de leurs vies. Ie donnay donc ordre à ceux qui commandoient l'Esquif de nostre Vaisseau, de cacher six mousquets dans les Voiles, & de se rendre le long du Quay de la Doüane ; & aux autres, d'attendre de mes nouuelles dans la maison, & de se saisir des armes qui estoient au Corps de garde de la Doüane, lors que ie les y aurois fait venir, esperant d'y prendre le Gouuerneur ou son fils, & de le transporter dans mon Vaisseau auparauant qu'on en eust pris l'allarme dans la Ville. Quoy qu'on eust tenu la chose fort secrette, les Hollandois ne laisserent pas d'en auoir quelque vent : mais comme ils ne le pouuoient croire, ils n'en donnerent point aduis au Gouuerneur.

Le vingt-vniéme Nouembre, les Gentils firent vne feste solemnelle ; ils la solemnisent trois fois l'an, & tousiours lors que la nouuelle Lune se rencontre le iour d'vn Lundy ; les hommes & les femmes se baignent ce jour-là, & croyent acquerir vn grand merite en le faisant.

Le vingt-quatriéme, ie pressay le Gouuerneur de me payer ; ie luy representay qu'il y auoit sept mois qu'il me remettoit de iour en iour : Il tourna la chose en raillerie, & me dit que nous parlerions de cette affaire à la Doüane, lors que ie ne serois plus en colere : ma réponse fut, que ie ne voulois pas passer dauantage pour duppe, & que les Capitaines qui commandoient les Vaisseaux d'Angleterre, n'étoient pas accoustumez à souffrir de semblables traitemens. I'allay de ce pas à la Doüane, où ie trouuay son fils : ses Gardes auoient laisse leurs picques à la porte ; la marée estoit haute, ce qui me fit croire que ie ne pouuois pas mieux prendre mon temps. I'enuoyay querir mes gens, qui se saisirent des armes du Corps de Garde de la Doüane ; & estans entrez dedans, en fermerent les portes. I'arrestay le fils du Gouuerneur, & trois ou quatre de mes gens l'emporterent à force de bras, & le jetterent dans le Batteau. Ie m'y mis auec le reste de ma troupe ; & nous estions desia loin du Port, lors que son pere en fut aduerty : le vent estoit fort, & nous obligeoit à ramer le lõg de la coste, à la distance de deux cables, pour en estre à l'abry, & pour prẽdre le fil de l'eau du canal. Ceux du païs accoururẽt, se jetterent dans des Batteaux, & firent mine de nous vouloir attaquer : nous leur tirâmes trois coups de mousquet, & enleuâmes nostre proye à la veuë de plus de trois mille hommes. I'auois donné ordre au Facteur des Anglois de demeurer dans nostre logis auec deux autres, pour faire entẽdre apres à ces Peuples la raison que nous auions euë d'en vser ainsi ; mais il executa mal mon ordre. Il sortit du logis, pour voir comment la chose se passeroit ; & le peuple l'auroit assommé de coups, si le Gouuerneur ne l'eust pris en sa protection, apprehendant qu'on ne fist vn pareil traitement à son fils.

L'apresmidy, le Facteur des Hollandois me vint demander le sujet de cette hostilité ; ie luy dis qu'il n'y auoit gueres d'apparence de croire qu'il l'ignorât, & que j'auois laissé de mes gens à terre pour leur en rendre compte : qu'au reste, ie ferois pendre le fils du Gouuerneur à la grande vergue de mon Vaisseau, si on traitoit mal les Anglois qui estoiẽt dãs la Ville. Ie luy fis aussi entendre que ie ferois vn pareil traitement à ceux qui desormais aborderoiẽt mon Vaisseau, sans m'apporter des Lettres de ceux que i'auois laissé à terre. L'Hollandois retourna le vingt-septiéme auec l'Interprete du Roy, & offrit de me payer ce qui m'estoit deû par le Gouuerneur. Ie luy dis que ie pretendois qu'il me payast outre sa debte, celle d'vn nommé Callopas, dont il auoit esté caution ; & que pour les autres debtes ie serois satisfait, pourueu qu'il enuoyast à mon bord mes autres debiteurs. L'Hollandois me fit vne protestation du dommage qui pourroit arriuer à ceux de sa Nation, à cause de cette hostilité. Ie luy répondis par écrit ; Vvencatadra cependant n'auoit ny bû ny mangé depuis qu'il estoit dans mon Vaisseau. Il estoit Bramene, & sa Religion ne luy permettoit pas de manger de viandes apprestées dans vn autre logement que le sien. I'en eus pitié, & luy offris de le mettre en liberté, pourueu qu'il me donnast en eschange deux Mahometans de qualité. Il n'en trouua point qui voulussent prendre sa place, & fut ainsi obligé de continuer son jeûne jusqu'à ce que le Gouuerneur son pere eust payé ses debtes, & fait payer les autres.

Le trentiéme de Nouembre, ie renuoyay mon prisonnier à terre ; diuers Marchands Mahometans me vinrent voir, me promirent d'écrire au Roy la verité de ce qui s'estoit passé, & me prierent de ne point faire de tort à leurs Vaisseaux. Ie leur répondis que j'estois satisfait ; mais qu'à l'aduenir ils prissent garde de traiter mieux ceux de nostre Nation.

Le septiéme Decembre, le Facteur que j'auois laissé à terre, me vint trouuer dans mon Vaisseau ; ie me mis à la voile, apres auoir offert au Gouuerneur d'aller prendre congé de luy à terre : il m'en remercia ; car il apprehendoit que ie ne visse quelques-vns des Marchands Mahometans, & que ie ne fisse sçauoir à la Cour, par leur moyen, ce qui s'estoit passé.

Purchas adiouste pour finir ce Voyage, que le trentiéme de Feurier, ce Capitaine entra auec son Vaisseau dans la Baye de Saldaigne, & que le premier de Iuin il estoit en l'Isle de sainte Helene.

Relation du Royaume de Siam, par Ioost Schuten, Directeur de la Compagnie Hollandoise, en ces quartiers-là.

Escrite en Hollandois l'année 1636.

LE Royaume de Siam est dans le continent de l'Asie ; il s'estend jusques sous le dix-huitiéme degré de Latitude Septentrionale, & est frontiere de ce costé-là aux Royaumes de Pegu & d'Aua du costé de l'Oüest, il est borné par le Golfe de Bengale : la coste s'estend depuis Martauan jusques sous le septiéme degré, où il confine du costé du Sud auec les Royaumes de Patan & de Queda. Depuis Patan la coste court vers le Nord, jusques à treize degrez trente minutes, où elle se courbe en arc, & fait le fonds du Golfe de Siam. La coste descend apres vers le Sud, jusques sous le douziéme degré ; & de ce costé-là le Royaume de Siam a à l'Est les deserts de Cambodia, & au Sud les Royaumes de Iongoma, Tangou, & Langs-Iangh ; si bien que ce Royaume a la forme d'vne demie-lune de quatre cens cinquante lieuës de circuit ; il est presque par tout couuert de montagnes & de bois, si ce n'est le long du bord de la mer, où il est plat, marescageux, & a vn fond de glaise. Ie ne diray rien de ses costes, de ses haures, de l'entrée de ses riuieres, puisque toutes ces particularitez ont esté marquées fort exactement dans les Cartes qui en ont esté faites.

Il faut icy voir la Carte.

La riuiere Me-Nam, c'est à dire la Mere des Eaux, est fort large : ceux du Pays n'ont point de connoissance de sa source, qui doit estre bien auant dans la terre ferme ; elle est fort rapide, & a son cours du Nord au Sud ; elle trauerse les Royaumes d'Aua, de Pegu, & beaucoup de Prouinces du Royaume de Siam ; elle se rend par trois emboucheures dans le Golfe de Siam, du reste fort semblable aux riuieres du Gange & du Nil ; car elle déborde tous les ans vne fois, & couure tout le plat-pays pendant quatre ou cinq mois de temps : la terre en deuient extrémement fertile. La plus grande des embouchеures de cette riuiere, est celle qui est la plus auancée vers l'Est, sous le treiziéme degré trente minutes de Latitude Septentrionale. C'est par cette embouchеure que les Vaisseaux & les Ioncques ont coustume d'entrer : il y a au fond du Golfe de Siam à l'entrée de cette riuiere vn Banc plat de sable, il a pour le moins vne lieuë d'estenduë, il s'y trouue ordinairement cinq ou six pieds d'eau quand la mer est basse, & quinze ou seize quand elle est haute, mais lors que la mer est débordée, c'est à dire au mois de Septembre, d'Octobre, & de Nouembre, il y a dix-sept ou dix-huit pieds d'eau; au dehors de ce Banc, enuiron à deux lieuës loin de terre, il y a bon Ancrage pour les grands Vaisseaux, & pour ceux qui ne voudroient point entrer dans la riuiere; car il s'y trouue tousiours quatre, cinq à six brasses d'eau, fonds de glaise & bonne tenuë. Pour ce qui est de ceux qui veulent entrer dans la riuiere, ils attendent que l'eau soit haute pour passer sur ce Banc; ils peuuent apres faire voile, & là remonter jusques deuant vne petite Ville appellée Bancop à six lieuës de l'emboucheure; au dessus de cette Ville, la riuiere est moins large, & son fonds est fort inégal. Vn bastiment qui ne prendroit qu'onze à douze pieds d'eau, peut passer & remonter vingt-quatre lieuës auant dans le Pays, jusqu'à la ville d'India, & cela en cinq ou six iours de temps; mais quand l'eau est fort haute, comme j'ay dit qu'elle estoit aux mois de Septembre, d'Octobre, & de Nouembre, on met bien trois ou quatre semaines à faire cette Nauigation.

Ce Pays en general est fort peuplé, toutefois il y a des Prouinces qui le sont les vnes plus que les autres, principalement celles qui sont le long des riuieres dans le plat-pays, & où il y a peu de montagnes; car dans celle-là on y void tant de Villes, de Bourgs, & de Villages, qu'il seroit difficile d'en rapporter le nombre. Les principales Villes sont, India, Picelouck, Sourckelouk, Caphengh, Soucethay, Kephinpet, Conseyvvan, Pijtsyay, Pitsidi, Lydure, Tenou, Mormelon, Martenayo, Ligor, Bordelong, Tannassary, Bankock, Pijpry, Rapry, Mergy, & autres. Ces Villes sont les Capitales des Gouuernemens des Prouinces où elles sont situées : ce n'est pas qu'il n'y en ait vn grand nombre d'autres qui sont fort peuplées; mais il seroit inutile d'en mettre icy les noms.

La ville d'India, Capitale du Royaume de Siam, où le Roy fait sa residence, est située sur la riuiere de Me-Nam au milieu d'vne belle plaine fort fertile; elle est bâtie dans vne Isle, dont la figure est ronde de deux bonnes lieuës de circuit. Les Faux-bourgs sont bastis sur les bords de la riuiere qui regarde cette Isle, & à proportion sont aussi peuplez que la Ville mesme.

On void dans ces Faux-bourgs quantité d'édifices publics, plusieurs Temples & lieux où les Sacrificateurs viuent en commun, semblables à des Cloistres de Religieux. Il y a des quartiers de la Ville qui sont fort bien bastis; les ruës en sont larges, fort droites, auec des canaux au milieu; il y en a d'autres où les maisons sont mal basties, les ruës fort estroites : il y a par tout des canaux; si bien que lors que la riuiere est débordée, on peut entrer en Batteau dans toutes les maisons.

Les maisons sont basties à la maniere ordinaire des Indes, & couuertes pour la pluspart de lassers de pierre en forme de thuiles. Les lieux où les Sacrificateurs viuent en commun, & leurs Temples, font la plus belle partie de cette Ville : il y a bien trois cens de ces bastimens ornez de tours, de pyramides, & d'vne incroyable quantité d'Idoles & de Figures de toutes sortes de matieres. Le Palais du Roy est à vne des extremitez de l'Isle, & de loin on le prendroit pour vne seconde Ville, tant il est grand & magnifique. Ie ne connois point de sejour plus agreable en toutes les Indes, de lieu où l'on viue à meilleur marché, ny où il se trouue vne plus grande diuersité de peuples. La situation & les fortes murailles qui font vne Ville de cette Isle, la rendent imprenable, outre qu'vne armée ne pourroit pas demeurer deuant plus de six mois; car l'inondation qui reuient tousiours dans ce temps, obligeroit les ennemis à leuer le Siege.

Le Roy de Siam est fort absolu dans ses Estats; il est d'vne maison fort ancienne & fort noble, qui regne depuis long-temps en ce pays-là. Seulement dans les occasions les plus importantes de l'Estat, la coustume du Pays est, qu'il communique ses desseins à quelques-vns des plus grands Seigneurs, qu'ils appellent Mandorins : ces Mandorins assemblent d'autres Officiers qui sont au dessous d'eux, ausquels ils communiquent les propositions que le Roy leur a faites, & tous ensemble concertent leur réponse ou remonstrance. Il y a tel égard qu'il luy plaist; il dispose de toutes les charges de son Estat, sans considerer le plus souuent la naissance de ceux à qui il les donne; il les oste aussi sur la moindre faute qu'on leur puisse reprocher, ses Sujets par cette raison le seruent auec vne soûmission d'esclaues.

Dans les autres Relations on met Mandarins.

Son train est magnifique, il ne se monstre presque iamais au peuple, les grands Seigneurs mesmes le voyent peu souuent, & cela à certains iours de l'année qui y sont destinez. Ces iours d'Audiance, son Palais se voit paré de meubles fort riches; le Roy est assis sur vn Trône, tous les grands du Pays à genoux à ses pieds, les mains croisées & la teste baissée : sa garde est composée de trois cens hommes; ses réponses sont receuës comme des Oracles, & ses ordres soigneusement executez. Outre la Reyne, il a vn grand nombre de concubines, qu'on choisit entre toutes les plus belles filles de tout le Pays : sa table est bien couuerte; mais sa Religion luy deffend le vin, auec les eaux de vie & les boissons fortes; ainsi il ne boit ordinairement que de l'eau pure, ou de l'eau de Cocos, & ce seroit vn grand scandale pour son Peuple si le Roy ou ses principaux Officiers auoient manqué à l'obseruance de cette Loy.

Quelquesfois il se promene sur la riuiere dans de petites Galleres, sur chacune desquelles il y a ordinairement quatre-vingt ou cent Rameurs, outre les Praos du Roy, qui sont ordinairement sept ou huict. Il est encore suiuy de trois ou quatre cens autres où sont les plus grands Seigneurs du Pays; ces petits bastimens ont au milieu vn pauillon tout doré sous lequel on s'assied, & ordinairement il y a dans ce rencontre quatorze ou quinze cens personnes qui suiuent le Roy. Quand il va par terre, des hommes le portent sur leurs épaules dans vne chaise dorée : sa garde & ceux de sa Cour le suiuent en grand silence & en bon ordre; & tous ceux qui se rencontrent sur le chemin sont obligez de se jetter le ventre contre terre. Il se monstre tous les ans vers le mois d'Octobre à ses Peuples, vn iour sur l'eau, vne autre fois il sort du costé de la terre, & va aux principaux Temples de ses Dieux suiuy d'vne grande Cour; deux cens Elephans paroissent à la teste, ils portent chacun trois hommes armez; ces Elephans sont suiuis de joüeurs d'instrumens, de trompettes, & d'vn millier de soldats à pied bien armez. Les grands Seigneurs du pays viennent apres, entre lesquels il y en a qui ont quatre-vingt & cent hommes à leur suite; apres ces Seigneurs, on voit deux cens soldats du Iappon, les soldats qui composent la Garde du Roy, puis ses Cheuaux de main & ses Elephans, & apres eux les Officiers de sa Cour, qui portent tous des fruits ou quelque-autre chose qui doit estre presentée en Sacrifice aux Idoles; apres ces Officiers, quelques-vns des grands Seigneurs du Pays, entre lesquels il y en a mesmes qui ont des couronnes sur leurs testes, l'vn d'eux porte l'Estendard du Roy, l'autre vne Espée qui represente la Iustice; Sa Majesté paroist apres eux sur vn petit Trône mis sur vn Elephant, tout entouré de gens qui luy portent des parassols, & suiuy du Prince qui luy doit succeder : ses femmes suiuent aussi sur des Elephans; mais dans des petits cabinets fermez, tellement qu'on ne les void point : six cens hommes armez ferment ce Cortége, qui ordinairement est de quinze ou seize mille hommes. Quand il se met sur l'eau, deux cens Seigneurs du Pays paroissent à la teste chacun dans son Prao ou Galiote, auec soixante ou quatre-vingt Rameurs : quatre Batteaux des Musiciens les suiuent, & cinquante autres Praos du Roy fort dorez. Apres ceux-là, il en paroist dix autres plus magnifiques que les premiers, tous couuerts d'or, les rames mesmes en sont dorées : le Roy est assis sur vn Trône dans le plus beau de ces Praos; sur le deuant du Prao est vn des grands du Pays qui porte son Estendard : le Prince suit apres & les femmes du Roy, auec leur suite; si bien que j'y contay jusqu'à quatre cens cinquante Prauvvs ou Praos. Le Peuple se rend en ce temps sur les bords de la riuiere, les mains jointes & la teste baissée, témoignãt vn grãd respect & veneration à son Prince.

Son reuenu est de plusieurs millions d'or, il se tire principalement sur le Rys que ce Païs produit en grande abődance, sur le Sappang, ou bois qui sert à teindre en rouge, sur l'Estain, sur le Salpestre, sur le Plomb, n'y ayant que les Facteurs du Roy qui puissent vendre ces marchandises aux estrangers, non plus que l'or de lauage qu'ils tirent du sable, & celuy qu'ils trauaillent dans les mines. Il y a encore des impositions sur les marchandises estrangeres, les taxes des Gouuerneurs & le tribut des Princes ses vassaux. Il tire aussi de grands profits du commerce que ses Facteurs font dans la Chine & à la coste de Choromandel, d'où il tire bien deux mille cartys d'argět tous les ans. Il a beaucoup d'Officiers qui manient ses deniers, & les profits qui viennent de ce trafic sont ordinairement appliquez à bastir quelque Temple à leurs Idoles, & le surplus de la dépense est mis dans le tresor du Prince, que l'on tient estre fort riche. Quand le Roy est mort, le plus âgé de ses freres luy succede : lors qu'il n'a point de frere, c'est l'aîné de ses fils ; & quand il a plusieurs freres, ils se succedent les vns aux autres, selon l'ordre de la naissance. Les filles ne succedent point à la Couronne ; mais cét ordre est souuent interrompu ; & les Princes qui ont plus de credit parmy le peuple, se rendent maistres de l'Estat.

Dans l'Original Hollandois, il explique la valeur de céte somme par celle de cent mille écus.

Le Roy qui regne maintenant l'a vsurpé de la sorte, & à fait mourir tous ses Cőpetiteurs pour s'asseurer mieux la possession de sőEmpire. Ils ont des Loix écrites, & vn Conseil de douze Iuges presié par vn treiziéme, regle toutes les affaires Ciuiles & Criminelles. Il y a encore d'autres Iurisdictions subalternes à ce Conseil, où les affaires se traitent par le moyen de Procureurs & d'Aduocats, auec la mesme longueur qui se pratique en Hollande : quand l'affaire a esté bien instruite, on en dresse vn procez verbal ou relation, on le cachete pour estre ouuert dans ce Conseil des douze. Dans les affaires Criminelles, lors que les delits ne sont pas bien prouuez, ils ont diuerses manieres d'en rechercher la verité ; quelquefois on oblige le denonciateur à se plonger dans l'eau, & y demeurer quelque-temps, on oblige les autres à marcher les pieds nuds sur des charbons ardans, à se lauer les mains dans de l'huyle boüillante, ou à manger du Rys charmé. L'on plante dans l'eau deux perches, les deux parties se plongent dedans, & celuy qui demeure plus long-temps entre ces deux perches gagne son procez. Lors qu'on les fait marcher sur des charbős ardans, vn hőme leur presse sur les épaules, afin qu'ils appuyent dauãtage en marchant : s'ils en sortent sans se brûler, on tient leur innocence bien prouuée. Pour le Rys charmé, ce sőt les Docteurs de leur Loy, qui le preparent & qui le leur donnent, celuy qui le peut aualer est declaré innocent, & ses amis le remenẽt cőme victorieux & en triomphe chez luy, & l'on punit seuerement son Denonciateur ; cette derniere preuue est la plus ordinaire de toutes. Ce Prince a des Mahometans & des soldats de Malacca à son seruice ; mais ceux du Iappon y sont estimez pour leur Brauoure plus que les autres ; & les Roys de Siam en ont tousiours fait leurs principales forces.

Maniere de verifier les crimes.

Le Roy d'aprésent en auoit pris quelque jalousie, & auoit fait mourir tous ceux de cette Nation qui se trouuerent dans ses Estats, mais ils y sont retournez depuis quelques-temps. Ceux de Siam seruent leur Prince dans ses troupes, sans aucun salaire : on y leue quelquesfois le vingtiéme, quelquesfois le centiéme des Habitans, selon le besoin qu'on en a ; le Roy leur donne des Officiers pour les commander : outre cela, les Seigneurs du Pays entretiennent grand nombre de Soldats, qui leur seruent dans les occasions de la guerre. Ce Roy peut mettre sur pied des armées de cent mille hommes, auec deux ou trois milles Elephans, qui seruent partie pour le combat, & partie pour le bagage & munitions ; neantmoins ses armées ne passent gueres cinquante mille hommes. Ces troupes gardent assez bien leurs rangs & la discipline militaire ; mais elles sont mal armées, ne portant la plufpart que l'arc, la picque, ayant peu de pratique à se seruir du mousquet. La Caualerie n'est pas mieux armée ; elle porte le bouclier, l'arc,

& la lance. La principale force de leurs armées consiste en vn grand nombre d'Elephans de guerre, chacun monté par trois hommes armez : Ils ont vne assez belle Artillerie ; mais ils ne s'en sçauent pas seruir, & encore moins de celle qu'ils mettent sur leurs Galleres & sur leurs Vaisseaux; car ils ne sõt pas des meilleurs Mariniers. Ils ont vn nombre infiny de Praos ou petites Galiotes dans leurs riuieres, mal-armées, & qui ne pourroient pas resister aux Vaisseaux ny aux Galeres de l'Europe : ils ne laissent pas d'estre fort redoutez des Peuples voisins. Les Roys de Siam ayans souuent auec ces mauuais Soldats fait de grandes conquestes, & formé vn grand Estat dans cette partie de l'Asie, dont ils sont considerez comme les Empereurs.

Les Roys de Pegu & d'Aua luy ont fait souuent la guerre ; car se trouuant d'égales forces, ils luy disputent l'Empire : si bien que les frontieres de ces deux Royaumes, qui ne sont iamais deux ou trois ans en repos, en sont entieremẽt ruïnées & desertes. Le Roy de Siam enuoye presque tous les ans vne armée de vingt-cinq ou trente mille hommes, durant les six mois du Mousson sec, qu'ils appellent, ou pour mieux dire lors que les eaux ne sont pas débordées, sur les frontieres des Royaumes de Iangoma, Tangou, Langhs-Iangs : & dans ces derniers temps il a fait la guerre au Roy de Cambodia son vassal, qui s'est reuolté contre luy ; mais il se deffend, & luy fait encore maintenant teste. Depuis cette guerre de Cambodia, le Royaume est demeuré en paix jusques à la mort du Roy.

Son fils luy succeda, contre la coustume du Pays, qui veut que les freres du Roy succedent à la Couronne ; tous les Princes du Sang qui y pouuoient pretendre furent mis à mort, le Royaume a passé dans la personne d'vn Prince de sa maison qui l'a vsurpé sur luy, & l'a fait mourir, & qui apres de longues guerres Ciuiles & estrangeres, l'a possedé depuis auec beaucoup de reputation & d'authorité. Il est presentement en guerre auec les Roys d'Aua, de Pegu, & les rebelles de Cambodia. Ce Prince ayme les estrangers, comme ses predecesseurs les ont toûjours aymez ; mais il ayme dauantage les Hollandois que les Portugais. Ces derniers auoient en l'an 1624. pris vn petit Bastiment Hollandois dans la riuiere de Siam ; il fit arrester la Gallere de Dom Fernando de Silua, fit dépoüiller ses gens, nous fit rendre nostre Vaisseau & les Marchandises. Les Espagnols des Manilles luy declarerent la guerre pour ce sujet, & arresterent beaucoup de ses Sujets qui trafiquent à la Chine. Les Hollandois pour se reuancher de cette obligation, luy presterent six de leurs Vaisseaux l'an 1634. pour luy ayder à mettre à la raison ses Sujets de Patan.

Ce Roy a bien trois milles Elephans, chacun de ces Elephans a deux ou trois hommes qui le pensent : on dresse les vns pour la guerre, les autres pour porter l'Artillerie, les viures, & les munitions de guerre : il y en a beaucoup de sauuages dans le Pays, voicy comment ils les prennent & comment ils les appriuoisent.

Maniere de prendre les Elephans.

On fait entrer dans les bois vne troupe de quinze ou vingt Elephans femelles, qui ayans esté prises fort jeunes, sont priuées & dressées à cette chasse. Les Elephans sauuages se mélent parmy elles ; ceux qui font cette chasse, font entrer la troupe d'Elephans femelles dans vn lieu quarré fermé de murailles ; ils bastissent ce lieu dans le plus fort du bois, auec vne allée qui y conduit, ainsi petit à petit les sauuages s'engagent dans cette allée & dans ce bastiment que l'on ferme aussi-tost qu'ils y sont entrez, cependant l'on ouure vne autre porte par laquelle on fait sortir les Elephans priuez ; si bien que celuy qui est sauuage demeure seul, à six pieds de distance de ces quatre murailles, il y a vne pallissade de grands pieux ; & entre vn pieu & l'autre, autant d'espace qu'il en faut pour faire passer vn homme. Au milieu de ce quarré, il y en a vn autre, mais plus petit ; & deuant tout ce bastiment est vn pauillon auec vne gallerie qui regne autour, où le Roy se met ordinairement auec les principaux de sa Cour, pour auoir le plaisir de cette chasse : on entre par les interualles des pieux pour mettre l'Elephant en furie : on luy tire des fusées ; & quand il s'est bien tourmenté en vain, & qu'il est tout à fait las, on ouure vne porte de cette enceinte, & on le fait entrer dans vn lieu plus estroit où on luy lie auec de gros cables les pieds de deuant & ceux de derriere : on le met entre deux Elephans priuez ; & luy ayans passé des cables & des sangles par dessous le ventre, on le guinde en haut, & on le laisse à demy suspendu quelques iours ; tellement qu'en trois ou quatre mois de temps il deuient priué comme les autres. Ils ont vne autre maniere de les prendre, ils attaquent à la campagne l'Elephant sauuage, montez sur des Elephans priuez ; ils l'approchent, luy jettent des cordes dont ils luy embarassent les jambes, & le prennent ainsi. L'on void par là combien les Anciens se sont trompez, lors qu'ils ont parlé de cette chasse.

Elephans blancs.

Ce Pays est le seul où il y ait des Elephans blancs. Ces peuples disent que l'Elephant blanc est le Prince de tous les autres, & les Roys de Siam en ont eu long-temps, qu'ils ont traitez comme ils auroient fait quelque Prince de leurs voisins qu'ils auroient receus dans leurs Estats, les faisant seruir auec autant de pompe & de magnificence. Le Roy leur rendoit souuent visite ; la vaisselle où l'on mettoit leur nourriture, & tout ce qui seruoit à leur vsage, estoit d'or massif. Il y a soixante ans que le Roy de Siam eût vne grande guerre auec celuy de Pegu, pour auoir vn de ces Elephans blancs ; celuy de Siam fut vaincu, & rendu tributaire à l'autre. Le Roy d'aujourd'huy a eu le bon-heur d'auoir deux jeunes Elephans blancs dans le temps de ma residence, qui moururent bien-tost apres de tristesse. Ces peuples croyent qu'il y a quelque chose de diuin dans ces animaux, & en rapportent plusieurs preuues ; si bien qu'ils ne les estiment pas seulement à cause du seruice qu'ils en tirent ; mais par la raison de l'esprit qu'ils admirent dans cette beste. Ils croyent auoir remarqué qu'il se réjouyt lors qu'il se void traité comme il le merite, & que les autres Elephans luy rendent le respect qu'ils luy doiuent ; qu'il est triste & melancolique au contraire, quand on le sert auec moins de respect & de soin.

Religion de ceux de Siam.

* *Ces Sacrificateurs ressemblent aux Religieux de l'Europe.* Dans l'Hollandois il y a le Curé du principal Temple.

Ceux de Siam sont Idolâtres ; le Pays est plein de Cloistres & de Temples, où l'on void des Idoles de tous costez faits de diuerses matieres : j'ay veu de ces Idoles qui auoient cinquante pieds de haut ; il y en a mesme vne d'vne figure assise qui en a six-vingts. Leurs Temples & leurs Idoles sōt seruis par des* Sacrificateurs, qui menent vne vie fort innocente ; ils reconnoissent tous pour Superieur le Sacrificateur du principal Temple de la ville d'India, qui est la seconde personne de l'Estat, & la plus respectée : il y a bien trente mille de ces Religieux dans le Pays. Ils n'ont presque point de marque qui les distingue du reste du peuple : ils portent des habits de toile jaune tout simples, & ont la teste rasée. On choisit entre-eux les plus habils pour Sacrificateurs & pour Superieurs des Temples ; ils preschent le Peuple, l'instruisent, & font des Offrandes & des Sacrifices à leurs Idoles ; il leur est deffendu sur peine du feu, d'auoir commerce auec les femmes ; mais lors qu'ils ne se sentent pas assez forts pour resister à cette tentation, ils leur est permis de quitter la vie Religieuse ; les Cloistres sont bastis proche des Temples ; ils chantent ensemble le matin & le soir des prieres ; les Cloistres & les Eglises sont fondées ; mais les Ecclesiastiques tirent leur principale subsistance des aumônes qu'on leur fait, & il sort tous les iours des Cloistres & des Eglises des Questeurs auec des besaces, qui entretiennent leurs Communautez des aumosnes qu'ils rapportent. Il y a aussi proche des principaux Temples, des maisons de Religieuses de vieilles filles, rasées, habillées de blanc, qui passent là leur vie pour estre plus assiduës aux prieres, predications, & Sacrifices qui s'y font ; mais c'est de leur bon gré qu'elles font cette vie, & auec la liberté de la quitter quand elles veulent.

Ces Peuples sont diuisez en plusieurs Sectes ; mais elles s'accordent toutes à croire vn Dieu Souuerain, qui en a beaucoup d'autres au dessous de luy, qu'il est

Createur de tout l'Vniuers; que les ames sont immortelles, & que dans l'autre monde elles sont punies ou recompensées selon le merite de leurs actions. C'est là le fondement de leur Religion, qu'ils disent estre fort ancienne; qu'elle a esté confirmée par le témoignage de quantité de saintes personnes, ausquelles ils dressent des Images. Ils font des aumônes, ils entretiennent les Docteurs de leur Loy, & exercent des œuures de charité indifferemment à l'endroit des hommes, & de tout ce qui a vie. En effet, les iours de Festes on porte à l'entrée de leur Temple des poissons & des oyseaux; ils les achetent de ceux qui les ont pris, & leur donnent la liberté, croyant que cette charité s'estende jusqu'aux ames de ceux qui ont vescu auparauant eux.

Ils ont des prieres publiques, des Presches; ils vont entendre les leçons que leur font leurs Docteurs; ils font des offrandes dans leurs Temples à leurs Dieux, qu'ils accõpagnent de torches, de lumieres, de fleurs, & de feux d'artifice, croyant par là détourner leur colere & se les rendre fauorables. Leur plus grande Feste se solemnise dans de certaines saisons de l'année à certains quartiers de la Lune. Ils ont vn jeûne de trois mois, pendant lequel ils ne mangent de rien qui ait eu vie; ils prient Dieu pour les malades; ils rasent leurs morts, les salent auec beaucoup de superstition, & les portent proche de leurs Temples, où ils les brûlent auec musique, representations de comedies, feux d'artifice, prieres de leurs Prestres, & autres magnificences. Ils ramassent apres les cendres de ces corps brûlez, y mettent du sel, & les enterrent au mesme lieu. Les plus riches dressent sur leur sepulture des pyramides & des monumens; & la coûtume du pays est de faire de grandes dépenses dans ces rencontres. Leurs Docteurs traitent humainement ceux des autres Religions, ne s'emportent point à les blâmer, & soûtiennent qu'on peut arriuer au Ciel par de differens chemins, que Dieu se plaist à la diuersité des cultes: c'est ce qui les rend plus difficiles à receuoir le Christianisme; & cette difficulté paroist assez dans le peu de progrez qu'y ont fait les Portugais, aussi bien que les Mahometans qui ont tasché de les attirer à leur Religion, & n'ont pû rien auancer de ce costé-là, quoy que les vns & les autres y ayent toute la liberté de l'exercer.

Ces Peuples d'ailleurs fort deuots, ne laissent pas de sacrifier aux Diables, qu'ils tiennent les autheurs de tout le mal qui arriue aux hommes, & c'est principalement dans leurs afflictions qu'ils ont recours à eux, qu'ils supposent en estre les autheurs. Il seroit honteux à vn Chrestien d'apprendre au monde les abominations qu'ils commettent dans ces Sacrifices; & c'est le sujet le plus ordinaire des predications de leurs Ecclesiastiques, qui ne cessent de prescher contre ces abominations.

Ils sont assez bien faits de leurs personnes, ont le teint fort brun, tirant sur la couleur d'oliue, mauuais soldats, mais cruels vers leurs ennemis quand ils sont en leur puissance: ils ont l'air fier, viuent entre-eux fort ciuilement, naturellement portez à la legereté, timides, fourbes, infidels, grands menteurs; les hommes faineants, les femmes assez belles, fortes, labourent la terre, & font tout le trauail qui occupe les hommes ailleurs: ceux-cy se contentent de faire la Cour, & de seruir dans les Armées: elles portent des habits fort legers, de toile peinte, ou pour mieux dire, imprimée, & vne veste par dessus d'estoffe qui a plus de corps, & qui leur couure le sein; & pour tout ornement, quelque anneau aux doigts & quelque priam ou poinçon sur leur coëffure: les hommes ont de mesme vn habit d'estoffe fort legere, & vne espece de juste-au-corps auec des demyes manches. Les pauures & les riches sont habillez les vns & les autres quasi de la mesme façon; mais on les connoist assez à leur suite: car il y en a qui ont vingt-cinq ou trente personnes qui les suiuent, cependant que les autres n'ont qu'vn esclaue ou deux: leurs maisons comme la pluspart des maisons des Indes sont basties de charpente ou de roseaux, & couuertes de feüilles de Cocos ou de thuyles; le plancher est plus éleué que le rez de chaussée de trois ou quatre pieds ; ils ne viuent que de Rys, de poisson, & de legumes ; mais il est ordinaire principalement entre ceux du menu peuple, de s'enyurer d'arac ou d'eau de vie les iours de Festes.

Les mariages entre les personnes riches, se font en mettant en commun vne certaine somme de deniers ; ils se font auec beaucoup de festes & de magnificences ; mais sans qu'il y entre aucune ceremonie de leur Religion : les mariez ont tousiours la liberté de se separer en partageant leurs enfans & leurs biens : le mary auec cela peut prendre autant de concubines qu'il en veut, qui doiuent neantmoins obeyssance à la premiere femme, dont les enfans heritent tout le bien de leur pere ; ceux des concubines n'en ayant qu'vne partie fort peu considerable. Les biens des personnes de condition, apres leur mort sont separez en trois parties, les Sacrificateurs ou Ecclesiastiques en ont vne, le Roy l'autre, & la troisiéme est pour les enfans : mais les pauures gens en vsent autrement ; les hommes achetent leurs femmes par quelque present qu'ils donnent à leurs peres ; ils ont la mesme liberté de les quitter que les grands ; mais les diuorces ne se font point legerement, & sans qu'ils ayent grande raison de le faire. Les enfans des gens du peuple partagent entre-eux également le bien de leur pere, laissans neantmoins ordinairement quelque chose de plus à l'aîné. Ils mettent les enfans dés leur jeunesse auprés de leurs Prestres & Docteurs, pour apprendre à lire, à écrire, & autres connoissances : durant ce temps, ils ne viennent point en la maison de leur pere ; & à la fin de leurs estudes il en demeure tousiours beaucoup qui continuent à viure le reste de leurs iours dans la Communauté de ces Docteurs.

Le plus grand traffic du pays est d'étoffes qui viennent de la coste de Choromandel, & de Surat, toutes sortes de marchandises de la Chine, des pierreries, d'or, du Benjoin, de la Gomme laque, de la cire, de Sappangh, du Paô d'Aquila ou bois d'Aigle, d'estain, plomb, & quantité de peaux de Cerf : car il s'en prend tous les ans plus de cent cinquante milles dans le pays, & on les porte auec grand profit au Iappon. Il s'y fait aussi grand traffic de Rys, on en tire tous les ans plusieurs milliers de tonneaux, & ce commerce y attire toutes sortes de Nations des Indes. Le Roy est le plus grand Negociant de tout son Royaume ; il enuoye tous les ans de ses Marchandises en la coste de Choromandel, & à la Chine, où il a esté de tout temps fort consideré. Il tire aussi tous les ans de grandes richesses du traffic qu'il fait dans le Royaume de Pegu à Iangoma, Langhsjangh.

La monnoye de ce pays est d'vn argent fort pur, ils en ont de trois sortes, des Ticals qui valent trente sols, des Mases qui ont cours pour sept sols & demy, & les Foanghs pour trois sols neuf deniers : ils font ordinairement leurs comptes par cattys d'argent ; chaque cattys vaut vingt Tayls, ou cent quarante-quatre liures : car le Tail vaut sept francs, & quelque chose dauantage. Tout le commerce se fait auec cette monnoye, il ne s'en bat point d'autre dans le pays ; mais on y apporte des Manilhes de l'Isle de Borneo, & de celle de Lequeo, vne espece de coquille dont il en faut huict à neuf cens pour faire la valeur d'vn Foanghs, & cette monnoye leur sert pour acheter les choses necessaires à la vie, qui y sont à grand marché.

Auparauant que les Hollandois vinssent en ce pays, les Portugais y estoient fort considerez : les Roys de Siam receuoient auec demonstration d'estime les Enuoyez des Vice-Roys des Indes, & des Euesques de Malacca : ils auoient exercice de leur Religion dans la ville d'India, jusques-là mesme que le Roy donnoit des appointemens à vn Prestre qui auoit soin de cette Eglise : mais ils commencerent à perdre leur credit aussi-tost que les Hollandois eurent mis le pied dans le pays ; ils en vinrent enfin à vne rupture ouuerte, les Portugais trauerserent le commerce que ces peuples auoient à Santome & à Negapatan, & prirent l'année 1624. dans la riuiere de Menam, vne petite Fregate Hollandoise. Le Roy de Siam leur porta la guerre jusques dans les Manilhes ; leurs Marchands ne laisserent pas de demeurer cependant dans le pays : mais sans consideration & sans credit ; si bien qu'il n'y reste maintenant que quelques Mestis ou Portugais bannis ; l'année 1631. le Roy de Siam par droit de represailles, se saisit de leurs Vaisseaux, & fit arrester prisonnier les Portugais qui se trouuerent dessus ; ils se sauuerent deux ans apres par le moyen d'vne Ambassade supposée : l'on prit aussi dãs les havres de Ligor & de Tannassari des Vaisseaux Espagnols & Portugais, mais le Roy fit mettre ceux de l'Equipage en liberté, & les chargea de Lettres pour les Gouuerneurs de Manilhes, de Malacca, où il leur offroit la liberté du commerce, & de les receuoir dans ses Estats, tellement qu'il y a apparence qu'ils y retourneront.

Pour les Hollandois, il y a bien trente ans qu'ils se sont establis dans le pays ; le commerce qu'ils y font a esté jugé assez important par la compagnie des Indes Orientales pour y entretenir vn Gouuerneur, apres auoir basty dans la ville d'India vn magazin, & y auoir fait vn grand commerce de peaux de Cerf, de Sappangh, &c. Ils enuoyent tous les ans ces Marchandises au Iappon, toutefois auec plus de reputation que de profit, si ce n'est qu'on fasse entrer en ligne de compte les viures qu'on en tire pour Battauia, & la commodité de cét establissement pour trauerser le commerce des Espagnols. I'y fis bastir en 1633. vn nouueau magazin ; & dans les quatre ans de temps que j'y ay eu la direction des affaires de la Compagnie, j'y ay reduit les choses à tel point, qu'elle en pourra tirer beaucoup de profit à l'auenir.

L'année 1634. j'y fis bastir par ordre du General Brouwer & du Conseil des Indes, vne maison de pierre auec ses magazins, des appartemens fort commodes & des fossez pleins d'eau, pouuans dire que c'est la meilleure maison que la Compagnie ait dans les Indes. Voila ce que j'ay appris du Royaume de Siam, dans les huict années de residence que j'y ay fait dans la ville d'India capitale du pays.

Sirenta, autrement appellé par les Hollandois Dod-aers.

Cette figure est en quelque chose differante de celle du voyage de Bontekoe,

www.ingramcontent.com/pod-product-compliance
Ingram Content Group UK Ltd.
Pitfield, Milton Keynes, MK11 3LW, UK
UKHW022004260726
13994UKWH00004B/1942

9 782329 497235